DOMESTIC VIOLENCE SOCIAL SERVICE TRAINING MANUAL

社会组织反家暴实务手册

社会组织反家暴实务手册编写组/编著

主编 / 李洪涛 副主编 / 佟贞贞 李莹

华中科技大学出版社
http://press.hust.edu.cn
中国·武汉

图书在版编目(CIP)数据

社会组织反家暴实务手册/社会组织反家暴实务手册编写组编著；李洪涛主编；佟贞贞,李莹副主编. -- 武汉：华中科技大学出版社,2024.11.
ISBN 978-7-5772-1337-8

Ⅰ.D669.1-62

中国国家版本馆CIP数据核字第2025LK3412号

社会组织反家暴实务手册 Shehui Zuzhi Fanjiabao Shiwu Shouce	社会组织反家暴实务手册编写组　编　著 李洪涛　主　编 佟贞贞　李　莹　副主编	

策划编辑：郭善珊
责任编辑：张　丛　田兆麟
封面设计：沈仙卫
版式设计：赵慧萍
责任校对：李　弋
责任监印：朱　玢
出版发行：华中科技大学出版社（中国·武汉）　电话：(027)81321913
　　　　　武汉市东湖新技术开发区华工科技园　邮编：430223
录　　排：华中科技大学出版社美编室
印　　刷：武汉科源印刷设计有限公司
开　　本：880mm×1230mm　1/32
印　　张：9.875
字　　数：257千字
版　　次：2024年11月第1版第1次印刷
定　　价：55.00元

本书若有印装质量问题，请向出版社营销中心调换
全国免费服务热线：400-6679-118　竭诚为您服务
版权所有　侵权必究

序言及致谢

根据世界卫生组织 2021 年发布的报告，全世界大约每三个妇女中就有一个在一生中曾遭受身体或性暴力，特别是亲密关系暴力。消除对妇女和女童的暴力是联合国及其成员国的重要关注议题，也是实现《2030 年可持续发展议程》的可持续发展关键目标之一。

中国将反对家庭暴力作为工作目标写入了《中国妇女发展纲要（2021—2030 年）》和《中国儿童发展纲要（2021—2030 年）》，并且出台和修订了一系列法律法规，以预防和制止家庭暴力，包括 2016 年 3 月 1 日起施行的《中华人民共和国反家庭暴力法》、2021 年 6 月 1 日起施行的《中华人民共和国未成年人保护法》（2024 年 4 月 26 日第二次修正），以及 2023 年 1 月 1 日起施行的《中华人民共和国妇女权益保障法》等。这些法律不约而同地强调了社会组织在家庭暴力预防和应对方面的专业服务者角色。

社会组织及其工作人员可以通过提供家庭暴力个案管理服务，为遭受暴力的服务对象提供跨部门、跨专业、跨机构甚至跨地域的整合性服务，协助服务对象免遭暴力、重建生活。一位优秀的个案管理员除了是服务对象的教育者、咨询者、陪伴者、使能者；也是关系的协调者，资源的整合者、管理者；还承担着服务的促进者、督导者及政策倡导者等多重角色。

为了给服务对象提供服务，个案管理员需要拥有相应的价值观、掌握相关的知识和技能、考量特殊需求群体的需要、识别服务对象的需求、链接多方资源，并通过服务为服务对象增能赋权。遗憾的是，虽然个案管理员的角色定位及其在反家庭暴力个案管理干预中的作用不断明确，但是社会组织资源分布仍旧十分不均衡，个案管理员的能力仍需提高。目前我国在及时为服务对象提供友善、优质及协调的反家暴个案管理方面还存在着挑战。

为应对这一挑战、提升社会组织服务者的反家暴个案管理实务能力，在联合国妇女署中国办公室的支持下，北京市东城区源众家庭与社区发展服务中心携手反家暴领域专家成立社会组织反家暴实务手册编写组（以下简称"编写组"），开发了《社会组织反家暴实务手册》（以下简称"本手册"）。

本手册以中国相关法律框架下规定的多部门职责为基础，参考联合国妇女署、联合国人口基金、世界卫生组织、联合国开发计划署以及联合国毒品和犯罪问题办公室开发的《针对受暴力侵害妇女和女童的基本服务包》，并咨询反家暴一线社会组织服务者的意见，最终完成撰写。

本手册包括基本原则、直接服务能力、个案管理流程、特殊需求受害人的服务、个案档案与个案数据研判、典型案例分析、反家庭暴力个案管理服务评估、反家庭暴力个案管理员能力评估、反家庭暴力工作者的关怀和福祉及手册使用。其中，基本原则一章详细阐述了以受害人为中心原则、生命至上原则、性别平等原则、加害人问责原则、生态系统原则、保护权利原则、赋权增能原则、创伤知情原则、儿童优先原则、服务对象自决原则、知情同意原则、慎用调解原则、最小伤害原则和真诚原则在反家暴个案管理工作中是如何体现和运用的。在直接服务能力和特殊需求受害人的服务两个章节中，均详细介绍了为身处交叉歧视和暴力困境下的特殊需求群体提供服务的注意事项和技巧；典型案例分析为个案管理员提供了综合运用原则、知识、技能和流程的示范，非常值得读者深入阅读，并加以演练和实践。

本手册综合、系统地介绍了我国社会组织反家暴个案管理实务，兼具社会性别视角，关注交叉歧视和暴力，并注重实践运用。编写组希望本手册可以成为加强社会组织反家暴个案管理服务的重要参考资料。本手册在撰写过程中坚持边梳理、边实践、边总结，这些尝试难免有不足，期望使用者能给我们提出宝贵建议，用于手册的继续完善，为促进和提升一线反家暴工作者的专业服务能力提供助力。本手册的撰写和完稿离不开以下机构和个人的突出贡献。

联合国妇女署中国办公室的资金和技术支持。

参与本手册初稿各章撰写、修改和完善的各位专家：李洪涛、佟贞贞、李莹、刘西重、周瑶、何胜洋、张羽谨、杨凯文。

北京市东城区源众家庭与社区发展服务中心主要贡献者：李莹、高京京、田屏。

初稿完成后，编写组在运用参与式培训方法检验手册重要知识点的基础上，由联合国妇女署陈力协调，李洪涛、佟贞贞、李莹、刘西重、何胜洋、周瑶以交叉审阅的方式再次修改补充，完成了本手册的最终定稿。因此，本手册历经两年，是编写组运用理论指导实践，又在实践中总结提炼的反家暴实务研究的最新成果。

在此，我们衷心感谢各位一线社会服务组织同仁们的实践和反馈；更感谢鼓起勇气求助和说出自己遭受暴力侵害的人们。

社会组织反家暴实务手册编写组
2024 年 4 月 2 日

目录

第一章　基本原则　/ 001

（一）以受害人为中心原则　/ 001
（二）生命至上原则　/ 003
（三）性别平等原则　/ 003
（四）加害人问责原则　/ 004
（五）生态系统原则　/ 005
（六）保护权利原则　/ 005
（七）赋权增能原则　/ 006
（八）创伤知情原则　/ 006
（九）儿童优先原则　/ 007
（十）服务对象自决原则　/ 008
（十一）知情同意原则　/ 010
（十二）慎用调解原则　/ 011
（十三）最小伤害原则　/ 012
（十四）真诚原则　/ 012

第二章　直接服务能力　/ 014

（一）态度　/ 014
（二）知识　/ 018
（三）技巧　/ 041

第三章 | 个案管理流程 / **064**

　　（一）接案与建立关系　　　　　　　　　/ 066
　　（二）资料收集与评估　　　　　　　　　/ 070
　　（三）制定服务目标和服务计划　　　　　/ 078
　　（四）服务介入与实施　　　　　　　　　/ 081
　　（五）结案与评估　　　　　　　　　　　/ 092
　　（六）个案管理服务流程图　　　　　　　/ 093

第四章 | 特殊需求受害人的服务 / **094**

　　（一）未成年受害人的服务　　　　　　　/ 094
　　（二）残障受害人的服务　　　　　　　　/ 096
　　（三）老年受害人的服务　　　　　　　　/ 100
　　（四）男性受害人的服务　　　　　　　　/ 100

第五章 | 个案档案与个案数据研判 / **101**

　　（一）个案管理制度　　　　　　　　　　/ 101

第六章 | 典型案例分析 / **106**

　　（一）女性受暴高危险个案　　　　　　　/ 106
　　（二）未成年人受暴个案　　　　　　　　/ 153
　　（三）女性受暴低危险个案　　　　　　　/ 192
　　（四）残障受害人个案　　　　　　　　　/ 201
　　（五）多元性别受害人个案　　　　　　　/ 212

第七章 反家庭暴力个案管理服务评估 / 224

（一）反家庭暴力个案管理服务评估的定义 / 224
（二）反家庭暴力个案管理服务评估的作用 / 224
（三）反家庭暴力个案管理服务评估的工具 / 226

第八章 反家庭暴力个案管理员能力评估 / 228

（一）反家庭暴力个案管理员能力评估的作用 / 228
（二）反家庭暴力个案管理员能力评估的框架和工具 / 228

第九章 反家庭暴力工作者的关怀和福祉 / 230

（一）反家庭暴力工作者职业耗竭的定义和原因 / 230
（二）反家庭暴力工作者职业耗竭的识别和应对 / 232

第十章 手册使用 / 237

（一）参与式培训 / 237
（二）培训课程设计 / 248

附录 / 251

附录 A　反家暴个案管理档案样本 / 251
附录 B　反家暴个案管理服务评估 / 278
附录 C　手册能力建设评估工具 / 289
附录 D　未成年人受监护侵害程度评定参照表 / 299

第一章 ｜ 基本原则

反家庭暴力工作中，服务的提供方式对服务的有效性有非常重大的影响，因此社会组织和工作者在提供反家庭暴力服务时需要遵循一些基本原则。

这些基本原则可以分为三类：整体层面应有的原则，包含以受害人为中心原则、生命至上原则、性别平等原则和加害人问责原则；与工作视角有关的原则，包含生态系统原则、保护权利原则、赋权增能原则、创伤知情原则、儿童优先原则；与工作方法有关的原则，包含服务对象自决原则、知情同意原则、慎用调解原则、最小伤害原则和真诚原则。

接下来，我们将着重介绍这些基本原则的含义及运用方法，助力提升社会组织和工作者提供反家庭暴力个案管理服务的能力和质量。

■（一）以受害人为中心原则

以受害人为中心是反家暴个案管理服务的核心原则，指的是工作者应将家庭暴力中的受害人作为首要关切对象，并将受害人的利益最大化作为个案管理服务的出发点与核心目标。以受害人为中心作为一种原则和理念,贯穿于反家暴个案管理服务的全过程。

以受害人为中心体现在服务理念、服务设计和服务执行的每个细节中,包括但不限于:

- 尊重和理解受害人,理解其难以摆脱困境是由文化环境的系统支持不足和外在压力等原因造成的,避免对受害人进行指责;
- 关注家庭暴力对受害人权利的侵犯,理解家庭暴力的本质是权力和控制;
- 优先维护受害人的合法权益,而不是维护家庭完整;
- 将保护受害人的人身安全作为首要工作目标;
- 肯定和鼓励受害人的求助行为及其在摆脱暴力过程中所做的努力;
- 相信受害人有改变的潜能和自我成长的内在动力;
- 尊重受害人自我选择和自我决定的权利,包括决定是否离婚的权利;
- 尊重受害人在现实中的意愿,接受其行为的反复和退缩;
- 全面回应受害人在接受庇护、经济救助、法律援助和心理复原等各个方面的合理需求。

除了在反家暴个案管理服务的细节中体现,以受害人为中心还体现在宏观层面,即在当前人力、物力及干预技术等资源相对稀缺的阶段,各种政策优先关注受害人,各种资源优先向受害人倾斜,工作者主要以受害人为服务对象。

值得注意的是,随着反家暴工作不断深入和多样化,会出现以加害人为主要服务对象的反家暴组织。当社会组织和工作者的服务对象是家庭暴力加害人时，其所遵循的原则可表述为"以服务对象为中心"。"以受害人为中心"与加害人服务中的"以服务对象为中心"并不矛盾，二者都反对家庭暴力，主张以非暴力的方式处理家庭冲突，鼓励加害人对自己的行为负责，学习平等、尊重和非暴力的沟通方式，促进行为的改变。

■（二）生命至上原则

生命至上原则又称为保护生命原则，认为生命高于一切，生命的价值位于所有价值的首要位置。生命权是活着的权利，是最基本的人权。没有了生命权，其他一切权利均无从谈起。

工作者在提供服务时会遇到两个或两个以上基本原则同时适用、但存在冲突的情况，选择遵循不同的基本原则，会带来不同的服务结果。工作者可以用"伦理原则筛查方法"建议的等级次序来做决定，在多个基本原则中做出审慎的选择。该方法认为生命至上原则处于伦理等级次序中的第一位，应当将其作为最优先遵循的基本原则。[①]

在反家暴个案管理服务中，工作者应尊重受害人的真实意愿，但当这一要求和生命至上原则发生冲突的时候，工作者应优先保护受害人的生命安全，尽量避免处于高危致命风险处境的受害人面临生命危险，尤其是避免发生死亡事件。

■（三）性别平等原则

性别平等（Gender Equality）指每个人不论性别，均享有同等

---

① ［美］多戈夫等：《社会工作伦理：实务工作指南》，隋玉杰译，中国人民大学出版社2005年版，第57-59页。

的条件充分实现其人权，均能平等地参与政治、经济、文化和社会发展活动并从中受益。①

反家暴服务是促进性别平等的重要领域，工作者应具有性别视角，对因为传统性别规范和性别刻板印象导致的婚姻家庭冲突及暴力保持敏锐觉察；看到家庭暴力受害人的"懦弱""无能"是因为社会支持不力、社会资源不足；反对任何基于生理性别和社会性别认同而发生的暴力。工作者在反家暴个案管理服务、项目设计及制度制定等方面遵循性别平等原则，致力于推动有性别平等内涵的新型的婚姻家庭建设。

（四）加害人问责原则

如果反家暴工作不对加害人做专业干预介入，家庭暴力很难自然停止。由于目前缺少强制对家暴加害人的教育与治疗的制度安排，因此制止家庭暴力/亲密关系暴力的工作受到一定限制。

在提供反家暴个案管理服务过程中，工作者应考虑推动加害人问责制度的建立。加害人问责，是指在保障司法公正的前提下，在适当的时候，能够有效地确保加害人为自己的暴力行为承担责任，对其依法惩戒。对加害人问责包括司法惩戒行为及教育促其改变认知。

对家庭暴力加害人的教育、治疗和矫治，社会组织在这个领域有着施展专业能力的行动空间。

---

① 联合国教育、科学及文化组织：《确保教育包容性和公平性指南》，联合国教育、科学及文化组织2019年版，第7页。

(五)生态系统原则

生态系统理论由布朗芬布伦纳(Bronfenbrenner,1979)提出,该理论认为个人的发展与个体、环境的互动密切相关,互动过程在多个层次的系统中交互进行。个人的行为不仅受个人生活事件的直接影响,而且受到发生在更大范围的事件的间接影响。影响人的系统分为四个层次,从小到大依次为:微观系统(microsystem)、中间系统(mesosystem)、外层系统(esosystem)和宏观系统(macrosystem)。生态系统理论提供了观察世界的新视角,指出揭示问题原因的新路径,有助于找到解决问题的线索和方法。

微观系统是指个体有直接参与的生活环境,例如家庭、学校及社区。中间系统是指各微观系统之间的相互联系与关系,例如家校互动。外层系统是指个体未直接参与,但通过影响微观系统进而间接影响个体发展的系统,例如父母的工作环境、大众传媒。宏观系统是指个体所处的社会、文化、政治等能够影响前三个系统的大环境,例如传统文化。

在反家暴服务中,工作者应具有生态系统视角,重视环境的作用,从受害人所处的系统分析家暴问题,寻找所需的资源,提供专业服务,帮助受害人摆脱困境。工作者应避免将问题仅仅聚焦在受害人自身,避免对受害人的指责。

(六)保护权利原则

人人有权享有生命、自由和人身安全。家庭暴力是对受害人人权的侵犯,是法律所不允许的。工作者在反家暴服务中应具有权利敏感意识，在价值选择上，将维护受害人的权益作为优先目标，不能将遭受家暴的原因归结为受害人"有错在先"，进而将暴力合理化，更不能以家庭和谐、社会稳定为由牺牲受害人的权益。

（七）赋权增能原则

赋权、增能，又称增权、充权，由 empowerment 一词翻译而来。1976 年，美国学者巴巴拉·所罗门（Barbara Solomon）率先提出"增强权能"的概念。赋权是相对于"无权""去权"而言，指个人或团体获得权力、资源和掌握自己生活的过程。

工作者可以从个人、人际、政治三个层面来开展赋权增能的实践。在个人层面，帮助服务对象聚焦个人发展、个人权力感和自我效能感的提升，重新定位自我。在人际层面，强调运用家庭、群体和社区的专业知识提升服务对象的优势，使其可以有更多影响他人的能力。在政治层面，强调帮助个人和团体学习知识技能去认识和影响社会结构完善的进程，实现改变社会文化环境的目标。

（八）创伤知情原则

"创伤知情"是"创伤知情照护"（Trauma-informed Care，缩写为 TIC）的简称，是一种工作取向和方法。创伤知情原则指的是工作者应当对心理创伤保持敏感，认识到心理创伤存在普遍性，并承认它对个体产生影响；强调工作者在提供服务时，关注个体的创伤经历，理解创伤对心理和生理的影响，创造安全和包容性的环境，避免出现二次创伤。

在反家暴工作中,运用创伤知情原则至关重要。这一原则能够帮助工作者更好地理解受害者的心理和行为,并在支持过程中提供更加敏感和有效的帮助。创伤知情原则在反家暴工作中的运用包括但不限于如下做法。

提供安全的环境。许多经历过家暴的受害人会对陌生环境和陌生人感到不安。因此,工作者需要在服务场所提供一个温暖、支持的空间,确保受害者感到安全。同时,通过保护隐私的会谈和非评判性的态度,使受害者感到被尊重、接纳和理解。

倾听与共情。工作者应当认真倾听受害者讲述,理解其感受和反应。许多受害者在谈论经历时可能会感到焦虑、恐惧或无助等情绪,工作者需展现出耐心和善意,充分表达共情,避免急于提供解决方案。

提供信息和选择权。受害者在经历家暴后,往往会失去掌控感。工作者应提供清晰的信息,尊重受害人的参与权和选择权,让其参与决策,这样能够增强受害人的自主感和自信心。工作者应提供必要的资源,如庇护、法律咨询、心理辅导等,以帮助受害人做出适合自己的选择。

持续支持与跟进。创伤复原往往是长期过程,工作者应与受害人建立长期关系,定期跟进,提供持续的支持。这种持久的关注和支持有助于受害者逐步重建信任和安全感,促进其心理复原与发展。

(九)儿童优先原则

处理一切与儿童[①]有关的事务时,儿童的利益是第一位的,应得到最先的尊重与保护。《儿童社会工作服务指南》(MZ/T 058—

---

① 根据联合国《儿童权利公约》,儿童指的是18周岁以下的任何人。

2014）将其定义为：社会工作者在政策规划、服务计划制定、资源配置和服务提供等方面，应优先考虑儿童的利益和需要。①

1959年联合国通过的《儿童权利宣言》首次提出要优先考虑儿童最大利益，规定为了使儿童得到身体、心智、道德、精神和社会生活等方面的发展而制定法律时，应以儿童最大利益为首要考虑因素。② 1989年联合国通过的《儿童权利公约》中明确规定了尊重儿童的四大原则：儿童利益优先原则、尊重儿童权力与尊严原则、非歧视原则和尊重儿童观点原则。③

我国于1990年正式签署《儿童权利公约》，并在其后制定的法律法规中贯彻儿童优先原则。《中华人民共和国未成年人保护法》（2024年修正）规定"给予未成年人特殊、优先保护"；《中国儿童发展纲要（2021—2030年）》再次重申全面贯彻儿童优先原则，计划将儿童优先理念落实到公共政策制定、公共设施建设及公共服务供给等方面。

（十）服务对象自决原则

服务对象自决原则是社会工作的一项核心原则，它要求工作者尊重服务对象自我做主和自我决定的权利，不代替服务对象做决

---

① 中华人民共和国民政部，《儿童社会工作服务指南》（MZ/T 058—2014），载中华人民共和国民政部网站，https://xxgk.mca.gov.cn:8445/gdnps/n2445/n2575/n2580/n2582/n2592/c117074/attr/273375.pdf，最后访问日期：2024年10月10日。

② 王雪梅：《儿童权利保护的"最大利益原则"研究（下）》，载《环球法律评论》2003年第126期。

③ 和建花：《关于儿童优先理念的再思考》，载《山东女子学院学报》2017年第1期。

定。本手册会将"服务对象""受害人"两个词语替换使用。在反家暴服务中,服务对象自决原则具体体现在以下几个方面:

- 相信家庭暴力受害人的价值和潜能,相信受害人有能力摆脱困境;
- 尊重受害人自主选择改变的时机或决定是否做出改变;
- 提供充足的信息和资源,创造安全的环境,为受害人解决后顾之忧,为其改变做好外在条件的准备;
- 鼓励和支持受害人自己做出选择和决定,不代替受害人做决定。

受害人长期处于权力不对等的家庭环境中,受到加害人的威胁和控制,没有机会和权力对自己和家庭的事务做决定。受害人在向工作者求助时,极有可能将家庭中的互动模式带到和工作者的互动过程中来。工作者要谨慎使用专业权威,避免剥夺受害人自我选择和决定的机会,避免不自觉地成为受害人的另一个"控制者"角色。尤其是处于纠结情绪中的受害人,会不断向工作者询问是否应该离婚,工作者不能直接做出是或否的引导,因为是否离婚只有受害人自己才能做决定。

服务对象自决原则的应用并不意味着工作者无所作为,其本质上是相信受害人有能力帮助自己摆脱困境,并不断将这一信念传达给受害人。工作者可以帮助受害人分析各种选择的利弊,鼓励受害人自己做出选择;也可以提供充足的信息和资源,创造安全的环境,为受害人解决后顾之忧,方便其自由地做出最符合自身利益的决定。

工作者需要注意,服务对象的自决权利需要根据其自身的能力来调整。若经评估且有证据表明受害人处于高危致命危险中,需要打破服务对象自决,必要时代为报警,这也是生命至上原则的体现。工作者还应注意到儿童工作的特殊性,由于儿童不具备或不完全具备行为能力,其自决能力有限,工作中应遵循"儿童优先"原则。另外,根据《中华人民共和国反家庭暴力法》第十四条规定,相关机构及其工作人员在发现无民事行为能力人、限制民事行为能力人遭受或疑似遭受家庭暴力的,应当及时向公安机关报案(详见第二章直接服务能力—(二)知识—12.强制报告)。

(十一)知情同意原则

"知情同意"(Informed Consent)源于医学,是指医生在诊断和治疗疾病时,应该把患者的病情、诊断结论、治疗方案、可能的风险及费用等相关情况如实告诉患者,使其能在充分了解信息的前提下,深思熟虑地自主选择接受或拒绝诊疗方案。医生在得到患者明确的意愿和授权后,才可以最终实施相关方案。

美国社会工作者协会对社会工作中的"知情同意"规定,社会工作者只应在服务对象获得适当而有效的告知后,在其同意的专业关系范围内来提供服务。社会工作者必须以清楚和易懂的语言告知服务对象:服务的目标、服务中有关的风险、由于第三者付费规定而产生的服务限制、相关的费用、合理的选择方案、服务对象可以拒绝或撤回同意的权利、同意的时间范围等。社会工作者应给服务对象提问的机会。[①]

参考中国香港地区社会工作者《工作守则实务指引》对知情同意原则的规定,社工有责任让服务对象知悉本身的权利及协助他们

[①] 高鉴国主编:《社会工作价值与伦理》,山东人民出版社2012年版,第273-290页。

获得适切的服务,且应尽量使服务对象明白接受服务所要做出的承担以及可能产生的后果。实务指引指出:(1)社工应在提供服务初期,以切合服务对象背景及能力的方式,在可能范围内,使他们知悉所接受服务的权利、义务、机会和风险。社工不应故意欺瞒或提供虚假资料,致使服务对象不能获得应有的权益,或可能在未能掌握具体情况下,做出重要的决定;(2)社工应将自己的名字、职位、角色与注册社工的身份,正确地告诉服务对象;(3)社工应将投诉的途径告诉服务对象,且绝对不应阻止服务对象向受雇机构或其他有关当局提出针对他们的投诉。①

知情同意原则用于反家暴服务中,充分保证了受害人的知情权,尊重受害人的人格尊严,有利于建立工作者与受害人之间的良好工作关系,以便更好地开展工作。知情同意原则既是对受害人的保护,也是对工作者的保护。

(十二)慎用调解原则

调解是以国家法律、法规、规章和社会道德规范为依据,对双方当事人进行调解、劝说,促使双方互相谅解、平等协商、自愿达成协议的一种方法,通常是在相对平等的关系中处理矛盾冲突的方法。家庭暴力属于违法行为,情节严重的构成犯罪。家庭暴力侵犯的是受害人的人身权利、婚姻家庭权益以及儿童受保护权等权益,严重危害受害人的身心健康和生命安全。因此,工作者应带着权利视角工作,维护受害人的权益,慎重使用调解。

慎用调解还基于以下三个原因。

---

① 《工作守则实务指引》,载中国香港地区社会工作者注册局网站,https://www.swrb.org.hk/tc/Content.asp?Uid=15,最后访问日期:2024年10月10日。

- 调解作为协调紧张关系的工作方法，势必会鼓励双方当事人让步妥协，而家庭暴力的受害人在关系中处于弱势，往往退无可退，所以盲目使用调解在某种角度上是帮助加害人维持暴力控制关系。
- 有些家庭暴力会发展为刑事案件，受害人、其他家人及工作者都有安全风险，轻易做调解容易使相关人员处于生命危险中。
- 以调解代替处罚的现象在基层执法中广泛存在，降低了加害人的违法成本，不利于家庭暴力防治，也违背了加害人问责原则。

偶发、低危的家暴案件可以考虑转入调解，但须遵循三条前置条件：危险评估量表测定为"低危"，加害人停止暴力并认错，尊重受害人的意愿——同意调解。为了更加周全，还可以考虑更多的前提条件（详见本手册第二章直接服务能力—（三）技巧—6.调解）。

■（十三）最小伤害原则

服务对象面临的困境可能给其自身带来伤害，工作者在服务过程中应尽力避免这种伤害。如果无法避免伤害，工作者应尽量选择对服务对象造成伤害最小及永久性伤害最少的方案，或者选择服务对象最容易从伤害中恢复及伤害最容易弥补的方案。如果已经造成伤害，工作者在工作中应尽一切可能弥补伤害。

■（十四）真诚原则

真诚是指工作者以发自内心的真心实意与服务对象互动，让服务对象感受到工作者也是一个人，让服务对象感受到工作者想要为其提供帮助的诚意。真诚原则的运用利于工作者和服务对象建立彼此信任的工作关系。

工作者的言行应当是诚实可信的，能够始终清醒地意识到工作的使命、价值和伦理原则。工作者不说假话，不参与或涉及有关不诚实、欺诈或诱骗等行为，并能毫无保留地向服务对象充分披露与其利益相关的信息。

真诚原则也有助于和加害人建立信任关系。在与加害人互动中，工作者不能简单地对其严厉指责，更不能隐瞒自己对于家庭暴力的真实态度。真诚表达观点，往往会赢得加害人的尊重和坦诚相待。

第二章 | 直接服务能力

除了遵守基本原则，反家暴个案管理服务工作者还要具备直接服务的能力，例如反家暴实务工作的态度、做家暴介入的基础知识及直接服务的技巧等等。

（一）态度

差之毫厘，谬以千里。工作者在态度方面的差异，最终会影响服务效果。即便提供相同的服务内容，由于工作者态度不同，受害人的感受也是不一样的。因此，在开展反家暴工作时，工作者应随时觉察自己的态度，必要时及时调整。

1. 避免常见误区

误区一：家家有本难念的经，急了骂两句、动一下手也很正常

参考辨析：人际互动中难免会有矛盾冲突，包括家庭，但解决问题有很多种方法，我们不赞同、不支持以暴力解决问题。暴力是不正常的，也是不正确的，是违法行为，我们不应该把它"正常化"。

误区二：家暴通常发生在低收入、低学历或低素质人群和落后地区

参考辨析：事实上，家庭暴力具有普遍性，无论是农村还是城市，无论文化水平高低，所有人群中都可能发生家庭暴力，富裕和受到良好教育的人也可能成为受害人或加害人。

误区三：一个巴掌拍不响，可怜之人必有可恨之处

参考辨析：这是一种"受害人有罪论"，将暴力发生的原因归因于受害人的"不完美"。事实上，任何人都不应该被暴力对待。我们应该想办法制止暴力，而不应该去指责受害人的"可恨"，避免二次伤害。加害人对其实施的暴力行为应负全部责任，这是毋庸置疑的。

误区四：施暴者是因为"脾气不好"，"失控"才打人

参考辨析：这是施暴者的借口。施暴者并非不能控制自己，他们往往是选择性"失控"。比如，他们不会在公共场所对别人施暴，更不敢对他的上司或客户施暴，而只是向比他们更弱且难以反抗的妻子、伴侣、被照顾者发泄。因此，对施暴人进行干预和行为矫治很有必要。

误区五：孩子不打不成器

参考辨析：教养孩子有很多种方法，如言传身教、正向强化等，暴力是最无效且贻害无穷的一种。暴力管教不利于儿童身心健康，带来的创伤甚至会伴随孩子的一生，这与父母管教孩子的初衷相背离。还有的父母不懂如何处理情绪，把孩子变成发泄桶，严重侵犯儿童权利。

误区六：家暴只有零次和无数次

参考辨析：这句话的积极意义是，强调如果不经过有效干预，家庭暴力一般不会自行终止，提醒受害人通过积极行动制止和摆脱暴力。同时，我们也应该承认，任何人都有改变和发展的潜能，如能提供有效干预和必要支持，加害人也可以学习用新的行为来代替暴力行为，加害人的改变是可能的。

误区七：家庭暴力干预最重要的目标是维护家庭完整

参考辨析：类似观点还有"宁拆十座庙，不毁一桩婚"。我们的目标应是制止暴力或支持受害人摆脱暴力，而不是维护家庭完整。离婚是摆脱家暴的合情合理合法的手段之一，不应该被排除在外。同时在反家暴个案管理服务中应当慎用调解。

误区八：家暴零容忍，受害人一定要选择离婚

参考辨析：零容忍是对暴力行为的拒绝，但并不意味着受害人一定要彻底离开伴侣。离婚是摆脱暴力的途径之一，不是唯一。另外，是否结束伴侣关系，应该由受害人自主决定。

2. 理解和接纳

工作者应当理解和接纳服务对象在困境之下所呈现出的状态以及其应对困境时的态度、信念、言语和行为，以不评判的态度开展工作。长期遭受家庭暴力会使受害人的身心遭受创伤，认知和行为发生改变。工作者要在专业学习的基础上，对此给予理解和接纳。

例如，在讲述家暴史的过程中，受害人可能会词不达意、逻辑不清；也可能会痛哭流涕、浑身颤抖；又可能会愤怒，然后指责、质疑工作者等。这些行为会导致工作受阻，此时工作者应理解这些是正常的应激反应或创伤再现，应该耐心聆听，帮助受害人稳定情绪，而不能否定和责怪受害人的情绪表达，也不能片面追求工作效率。

面对工作者和加害人时，受害人可能有很多委屈、愤怒的情绪，工作者应理解家庭暴力背后有其深刻的原因和脉络，应对加害人的人格尊严、情绪表示接纳。但接纳不等于认同，工作者不可认同施暴行为。

3. 相信服务对象的潜能

人本主义认为，人都有自我实现的内在需要和潜能，人在原始欲望得到满足后，会倾向于发展和完善自己，进行积极主动的创造活动，以不断增进自我、发展自我和实现自我。

在反家暴服务中，服务对象虽然存在脆弱性并且面临阻碍，但工作者也要相信服务对象具有能力和资源去解决困难，工作者不应把服务对象看成是一个有问题的人。工作者应和服务对象建立平等、信赖的合作伙伴关系，可以为服务对象提供专业意见和信息，创造安全的环境，鼓励和提高服务对象的自决能力，激发服务对象自身的潜能。

4. 暴力零容忍

家庭暴力严重侵犯受害人的基本权利，危害家庭成员的生命安全和身心健康，因此，对暴力行为零容忍是反家暴服务的基本立场。

对于受害人来说，零容忍意味着要打破沉默，对家暴行为勇敢说"不"，利用一切资源制止和摆脱暴力。通过法律途径，增加加害人的施暴成本，从而达到制止暴力的目的。

对于工作者来说，零容忍意味着持有坚定和清晰的立场，避免将暴力行为合理化。工作者应鼓励和支持受害人合法维权，真实地向加害人表明对使用暴力解决问题的否定态度。

对于政府和社会而言，零容忍意味着加强对家庭暴力的干预和治理，积极营造暴力零容忍的社会氛围。公权力部门应增加对受害人维权的支持力度，在家暴案件中严格执法，并为加害人的意识和行为改变提供资源。

5. 避免二次伤害

在家暴事件中，由于受害人已经遭受了暴力伤害，工作者务必要"避免二次伤害"，包括如下要点：

- 理解和接纳受害人的选择，不指责受害人；
- 肯定和称赞受害人的求助行为；
- 规范使用工作语言，态度和缓，例如避免使用"他/她为什么打你"这样的问句，可以关切地问"可以告诉我发生了什么吗"；
- 避免受害人重复讲述，尽量采用"一站式"询问方式，减少受害人重复陈述问题的频次；
- 分开询问：公权力部门在对受害人和加害人进行询问时应该考虑到部分受害人不愿再次面对加害人的心理，分开询问双方意见；
- 尊重隐私：工作者应尊重和保护受害人及其家庭的隐私；
- 尊重受害人的真实意愿，不可强行调解。

（二）知识

反家暴工作涉及社会工作、社会学、法学及心理学等多个学科，因此工作者需要通过学习，储备相关知识。

1. 家庭暴力的定义

《中华人民共和国反家庭暴力法》第二条规定："本法所称家庭暴力，是指家庭成员①之间以殴打、捆绑、残害、限制人身自由以及经常性谩骂、恐吓等方式实施的身体、精神等侵害行为。"第三十七条规定："家庭成员以外共同生活的人之间实施的暴力行为，参照本法规定执行。"

《中华人民共和国反家庭暴力法》将共同生活者纳入家庭暴力主体，但没有明确共同生活者的具体范围，遗漏了离婚配偶关系和非同居恋人关系。②

在多个反家暴地方立法中，对家庭暴力的保护人群范围都进一步明确。其中，《湖北省反家庭暴力条例》明确"共同生活的人"是"家庭成员以外具有监护、扶养、寄养等关系的共同生活人员"；《山东省反家庭暴力条例》明确"共同生活的人"指"家庭成员以外具有监护、扶养、寄养、同居等关系的共同生活的人"；《内蒙古自治区反家庭暴力条例》明确"共同生活的人"指"具有监护、扶养、寄养、同居等关系共同生活的人或者曾有配偶、同居关系的人"；《广东省实施〈中华人民共和国反家庭暴力法〉办法》明确"目睹家庭暴力的未成年人是家庭暴力受害人"。

此外，还有多个反家暴地方立法对家庭暴力的具体形式有突破性规定。例如，在《江苏省反家庭暴力条例》第三条规定中，跟踪、

---

① 《中华人民共和国民法典》第一千零四十五条第三款规定："配偶、父母、子女和其他共同生活的近亲属为家庭成员。"

② 陈敏：《对家庭暴力定义的司法认知》，载《人民司法》2016年第10期。

骚扰、以人身安全相威胁、侮辱、诽谤、散布隐私，以及漠视、孤立等精神侵害行为，强迫发生性行为等性侵害行为，实施非正常经济控制、剥夺财物等侵害行为，都属于家庭暴力。

2022年10月30日修订的《中华人民共和国妇女权益保障法》也扩大了保护范围和保护形式，第二十九条规定，禁止以恋爱、交友为由或者在终止恋爱关系、离婚之后，纠缠、骚扰妇女，泄露、传播妇女隐私和个人信息。妇女遭受上述侵害或者面临上述侵害现实危险的，可以向人民法院申请人身安全保护令。

中华人民共和国最高人民法院也在发布的典型案例中进一步明确了反家暴的保护人群范围和保护形式。在中华人民共和国最高人民法院2020年11月发布的《最高人民法院人身安全保护令十大典型案例》①中，将前配偶、亲密关系纳入了人身安全保护令的保护范围。2022年8月出台的《最高人民法院关于办理人身安全保护令案件适用法律若干问题的规定》（法释〔2022〕17号，2022年8月1日起施行）明确了反家庭暴力法第三十七条规定的"家庭成员以外共同生活的人"一般包括共同生活的儿媳、女婿、公婆、岳父母以及其他有监护、扶养、寄养等关系的人。中华人民共和国最高人民法院2023年6月发布的《中国反家暴十大典型案例（2023年）》②、2023年11月发布的《人民法院反家庭暴力典型案例》中，反家庭暴力的保护范围包括了同居关系结束后和终止恋爱关系

---

① 参见《最高人民法院人身安全保护令十大典型案例》，https://www.court.gov.cn/zixun/xiangqing/274801.html，最后访问日期：2024年10月10日。

② 《中国反家暴十大典型案例（2023年）》，https://www.court.gov.cn/zixun/xiangqing/403572.html，最后访问日期：2024年10月10日。

后发生的暴力,[①] 同时明确认定目睹家暴的未成年人也是家暴受害人[②]。

2. 家庭暴力的表现形式

国际社会普遍认为,家庭暴力包含身体暴力、精神暴力、性暴力和经济控制四种形式[③]。

身体暴力是最常见的家庭暴力之一,是家庭成员之间以殴打、捆绑、残害及限制人身自由等方式实施的身体侵害行为,包括所有加害人对受害人身体各部位的攻击行为,如推搡、打耳光、扯头发、脚踢、使用凶器攻击等。从施暴程度来看,轻则打耳光,重到杀害。

精神暴力是指家庭成员之间以经常性谩骂、恐吓等方式实施的精神侵害行为,主要包括:(1)侮辱、谩骂、诽谤、散布隐私等精神侵害行为;(2)以某种语气、神情或言语威胁、恐吓、展示凶器等方式,使受害人感到恐惧的行为;(3)监视、跟踪、骚扰等行为;(4)以自残、自杀等行为威胁受害人或强迫受害人做其不愿意做的事情;(5)通过虐待宠物、损毁物品等方式使受害人感到恐惧或痛苦的行为;(6)使儿童目睹家庭暴力。

性暴力一般是指伤害家庭成员性自主权和其他性权利的暴力行

[①] 《最高法发布人民法院反家庭暴力典型案例(第一批)》,https://www.court.gov.cn/zixun/xiangqing/418562.html,最后访问日期:2024年10月10日。

[②] 《最高法发布人民法院反家庭暴力典型案例(第二批)》,https://www.court.gov.cn/zixun/xiangqing/418612.html,最后访问日期:2024年10月10日。

[③] 全国妇联权益部、联合国妇女署:《预防和制止家庭暴力多部门合作工作手册(试行)》。

为，主要体现为强奸、性虐待、攻击性器官、猥亵及未经同意的其他性接触等情形。[1] 性暴力比其他形式更加隐蔽，更难以取证。

经济控制主要包括：(1) 限制或控制受害人的财产决定权和使用权，包括限制或控制受害人用钱的时间、方式、数量；(2) 侵占受害人财产；(3) 限制受害人对物品、住房等的使用，或将受害人赶出家门；(4) 阻碍或限制受害人工作，破坏工作机会或令其失去工作；(5) 将债务转移到受害人身上，强迫受害人提供担保或借贷；(6) 隐瞒财务或对共有财产私自做出重大决定。[2]

不同群体所遭受的家庭暴力形式有所不同，例如老人可能遭受疏忽照顾、遗弃；儿童、残障人士等群体遭受的家庭暴力也有各自独特的表现形式。

3. 家庭暴力的本质

很多人认为家庭暴力只是因为加害人脾气差、没有控制住情绪，甚至指责是受害人的行为激怒了加害人，才引发家庭暴力。这些观点与事实不符。相关研究指出暴力的核心问题是"权力控制"（Dobash & Dobash, 1980；Nicarthy, 1986）。发泄情绪和表达意见有不同的方式，加害人偏偏选择暴力行为，目的是驾驭受害人，使其服从于自己的权威、被自己控制。

家庭暴力的本质是权力与控制，工作者应充分认识这一点。

4. 家庭暴力的特点

家庭暴力具有普遍性、隐蔽性、习得性和反复性的特点。

---

[1] 黄炎：《国际人权法视角下我国反家庭暴力的立法与实践》，载《青少年犯罪问题》2016年第4期。

[2] 引自学者吴淑美课件。

（1）普遍性。家庭暴力是不分社会阶层、民族、地区、职业或文化水平的普遍的社会问题。家庭暴力在不同历史时期、不同的社会制度下都普遍存在。第三期《中国妇女社会地位调查报告》显示，在整个婚姻生活中曾遭受过配偶侮辱谩骂、殴打、限制人身自由、经济控制、强迫性生活等不同形式家庭暴力的女性占 24.7%。

（2）隐蔽性。家庭暴力多发生在家庭内部或私密空间，外界不容易发现。受害人往往受"家丑不可外扬"等观念的影响羞于求助，或慑于加害人的恐吓等原因不敢向外求助。公众对于家庭暴力的容忍态度，也加大了受害人的求助难度。

（3）习得性。实施家暴并非人与生俱来的天性和本能，而是加害人在成长过程中慢慢被教化的结果，是很多男性在社会化过程中养成的。不平等的社会性别意识、规制和习惯，在社会教化过程中起到了至关重要的作用。从小目睹或遭受家庭暴力，会使家庭暴力在不同的代际之间传递，这就是习得的结果。

（4）反复性。一般来说，家庭暴力不会自行停止，除非进行有效干预。加害人在施暴之后，可能会不停道歉，但当受害人选择原谅之后，加害人可能再次施暴，循环往复，暴力还有升级的趋势。家庭暴力的反复性突出地表现为暴力循环。

暴力循环理论（Cycle of Violence）认为家庭暴力会呈现四个阶段，分别是愤怒积蓄期、暴力发生期、道歉原谅期和蜜月期。在没有外力干预的情况下，四个阶段会循环往复，周而复始。工作者需为受害人提供有效干预，打破暴力循环。

5. 习得性无助

习得性无助（Learned Helplessness）是心理学名词，最早由塞利格曼（Seligman，1967）基于动物实验提出。它是指有机体多次努力却持续受挫后,形成的一种绝望和无能为力的消极心理状态。这种心理状态并不是一开始就有的,而是习得的。

习得性无助产生后通常会表现为:动机上的损害,即动机水平降低,表现出被动、消极和对什么都不感兴趣的倾向;认知上的障碍,即形成外部事件不可控的心理定势;情绪上的创伤,如情绪失调,最初表现为忧虑和烦躁,之后变得冷淡、悲观,陷入抑郁状态。①

有些家庭暴力受害人会说"没办法""这是我的命",这些就是习得性无助的表现。此时,工作者要理解,受害人的无助感是在一次又一次的暴力循环中学习而获得的,并非生来就有,也不是无法改变。从20世纪70年代起,塞利格曼开始将研究兴趣从无助感的产生转变到乐观的建立上,发现乐观也是能够通过学习而获得的。

6. 受虐妇女综合征

受虐妇女综合征(Battered Woman Syndrome),又称"受暴妇女症候群",由研究家庭暴力的先驱、美国临床法医心理学家雷诺尔·沃柯(Lenore Walker)博士提出,是指女性在长期遭受虐待之后,表现出的一种特殊的心理和行为模式。这种特殊行为模式与"以暴制暴"的行为之间有密切关联。受虐妇女综合征理论主要由两部分概念组成,一是家庭暴力的周期性,二是受害人的习得性无助。②

---

① 周国韬:《习得性无助感理论浅析》,载《心理科学通讯》1988年第6期,第47-51页。

② 陈敏:《受虐妇女综合症专家证据在司法实践中的运用》,载陈光中、江伟主编《诉讼法论丛》(第9卷),法律出版社2004年7月版,第136页。

在司法实践中,受虐妇女综合征通过专家证人的方式得以应用,有助于法庭理解受害人杀夫行为的防卫性,从而使对受害人的刑罚得以从轻、减轻或免于处罚。

值得工作者注意的是,高道夫(Edward W. Gondolf,1988)提出了相反的"幸存者理论",认为受害人是"积极向外界求助的暴力幸存者,而非'受虐妇女综合征'所描述的心理上或行动上的失能者。严重的暴力并没有使受暴妇女习得无助,相反,众多受暴妇女多年来都在努力抗争,最终从暴力中生存成长"。[①]

7. 加害人分类

米歇尔·乔纳森(Michael Johnson)在1995年提出男性施暴和女性受暴的两种类型分别是"一般夫妻暴力"和"男权恐怖暴力",且从目的、手段和持续性做了分析。[②] 一般夫妻暴力,具有偶发性的特征,次数较少,施暴的手段相对单一,一般不足以致命。男权恐怖暴力,具有很强的控制目的,施暴手段多样,暴力频繁,暴力已经固化为加害人的一种行为模式。

Holtzworth-Munroe & Stuart(1994)按照施暴的严重程度、施暴对象、有无心理疾病或人格异常来进行分类,将加害人分为三类。

- 只打家人型(family only):施暴行为只对家人,多无犯罪前科,相对没有心理上的病理问题,暴力程度较小。约占加害人的50%。

---

① 王曦影等:《性别、代际与家庭暴力的幸存者:一项基于两代受暴妇女的生命史研究》,载《上海大学学报(社会科学版)》2019年第4期。

② 王向贤:《试论一般夫妻暴力与男权恐怖暴力》,载《山西师大学报(社会科学版)》2009年第3期。

· 烦躁/边缘型（dysphoric/borderline）：可能有家外施暴行为，但数量不多，有边缘型人格异常，情绪易变且常烦躁，行为具有毁灭性，容易自杀及杀妻。约占加害人的25%。

· 泛暴力/反社会型（generally violent/antisocial）：家外施暴行为多，多有暴力犯罪前科。约占加害人的25%。

对加害人进行分类有助于理解家庭暴力的危险性，从而更加重视受害人和工作者的安全，也便于针对性地采取分级分类干预的措施。

除此之外，还有其他学者给出不同分类，如学者林明杰（2004）将加害人分为四类，分别是低暴力型（53.6%）、酗酒高控制型（20.5%）、高暴力高控制型（21.4%）和边缘高控制型（4.5%）。①

8. 儿童权利

根据联合国《儿童权利公约》，儿童有四类基本权利，分别是生存权、发展权、受保护权和参与权。《中华人民共和国未成年人保护法》（2024年修正）第三条也对此予以确认。

（1）生存权：每个儿童都享有其固有的生命权、健康权和获得基本生活保障的权利。具体包括儿童享有生命权、医疗健康权、国籍权、姓名权，获得足够的食物、拥有一定住所以及获得其他生活保障的权利。

（2）发展权：每个儿童享有充分发展其全部体能和智能的权利。包括有权接受正规和非正规的教育，有权享有促进其身体、心理、精神、道德等全面发展的生活条件。儿童的发展包括身体、智

---

① 林明杰、沈胜昂：《婚姻暴力加害人分类之研究》，载《中华心理卫生学刊》2004年第2期，第67-92页。

力、道德、情感、社会性等多方面的发展。

（3）受保护权：每个儿童享有不受歧视、虐待和忽视的权利。孤儿、难民中的儿童等失去家庭和处于特殊困境中的儿童应受到特殊保护。受保护权旨在减少儿童生存和发展过程中的不利因素。

（4）参与权：每个儿童都有参与家庭、文化和社会生活并就影响他们生活的事项发表意见的权利。成年人应尊重儿童的看法。参与权旨在使儿童了解自身的处境，并发展其表达和处事的能力。

9. 针对儿童的家庭暴力

针对儿童的家庭暴力即儿童作为受害人的家庭暴力，其表现形式主要包括身体暴力、精神暴力、性暴力和疏忽照顾。

疏忽照顾指严重或重复地忽视儿童的基本需要，以致危害或损害儿童的健康或发展。疏忽照顾包括以下方面。

- 身体方面：例如没有提供必需的饮食、衣服或住所，没有避免儿童身体受伤或痛苦、缺乏适当的看管或独留儿童在家。
- 医疗方面：例如没有提供必需的医疗或精神治疗。
- 教育方面：例如没有提供教育或忽视因儿童的身心残障而引起的教育需要。
- 情感方面：例如忽视儿童的情感需要、没有提供心理照顾等。[①]

使儿童目睹家庭暴力，也属于家庭暴力。目睹家庭暴力的儿童，

---

① 《处理虐待儿童个案程序指引》，中国香港地区社会福利署，2015年。

简称为"目睹儿童",是指儿童虽然未直接遭受家庭暴力伤害,但间接目睹了家庭暴力的状况,目睹儿童大致分为以下三种状况。

• 第一现场看见:儿童现场目睹家人(受害人)受到身体暴力、精神暴力或性暴力。

• 紧邻现场听见:在紧邻的房间或黑暗中听到家人的吵架声或打斗声。

• 事后观察发现:事件发生后看见家人(受害人)身上的伤痕、伤心/哭泣的状态或家中毁坏的物品。

10. 多元性别

多元性别是指在传统主流的二元性别(男或女)之外,一个人在自我性别认同、性别表达或性倾向等方面的多元化。多元性别群体往往被主流群体所忽视,是最边缘和弱势的群体之一。与多元性别相关的概念有很多,在此对部分概念做简要介绍。[1]

(1) 生理性别(Sex)

用于将人划分为男性或女性的生物学和生理学特征,包括遗传、内分泌和解剖学特征。性特征不符合典型二元特征的人请参见间性(人)的定义。

(2) 间性(人)(Intersex)

间性与生物学的性特征有关,它不同于一个人的性倾向或社会性别认同。间性(人)指那些出生时的性特征,包括生殖器官、性

---

[1] 除非特别标注,概念均引自联合国教育、科学及文化组织:《国际性教育技术指导纲要(修订版)》,2018年版,第112-113页。部分表述有改动。

腺和染色体构成，不符合男性或女性身体的典型二元特征的人。"间性"是用来描述各种自然身体多样性的总称。在有些情况下，间性特征在出生时是可见的；而在另一些情况下，间性特征直到青春发育期才会表现出来；此外，还有一些染色体的变异可能在生理上不会显现出来。

(3) 社会性别（Gender）[①]

社会性别是指社会建构的女性与男性的社会性差异或特征（比如男性勇敢坚强、女性温柔软弱、女性应该或只能依靠男性等）、社会建构的性别关系以及塑造这种关系的方式。社会性别是后天形成的，并随着时间变化而变化。

(4) 社会性别认同（Gender Identity）

社会性别认同指一个人内心深切感受到的基于个人体验到的性别，可能与出生时既定的生理性别相一致或不一致。这包括个人的身体意识，可能关系到在可以自由选择的情况下通过药物、手术或其他手段对身体外貌或功能的改变。

(5) 性别刻板印象（Gender Stereotype）

性别刻板印象指的是关于特定性别群体的形象、看法或臆断，通常是消极的，是基于社会性别规范、角色和关系的。

(6) 基于社会性别的暴力（Gender-based Violence）

基于社会性别歧视、社会性别角色期待或社会性别刻板印象的暴力行为，或基于与社会性别有关的权力差异导致或可能导致生

[①] 卜卫："性别平等与儿童保护"课件内容，2018年。

理、性或心理伤害或痛苦的暴力行为。家庭暴力是基于社会性别的暴力的一种。

（7）社会性别表达（Gender Expression）

社会性别表达指一个人如何通过诸如名字、服饰、走路、说话和沟通的方式，乃至社会角色和一般行为来向外界表达自己的性别。

（8）性倾向（Sexual Orientation）

性倾向指每个人对和自己不同性别、相同性别或不仅限于一个性别的个体具有深度情绪、情感和性的吸引，以及与之建立亲密关系和性关系的能力。

11. 三级预防

三级预防最早由西方学者卡普兰（Caplan，1964）提出，倡导在疾病的病前、病中和病后各个阶段采取相应预防措施，这一概念被广泛应用于公共卫生领域，并被借用到包括反家暴、儿童保护在内的其他领域。

一级预防又称初级预防（Primary Prevention），指的是防止家暴发生的措施，主要包括立法、制定政策法规、宣传和教育以提高公众对家庭暴力的正确认识。

二级预防又称次级预防（Secondary Prevention），主要指减少家庭暴力发生的危险因素，包括筛查和确定高风险人群，并通过以行为改变为目标的教育、信息提供、纠纷化解、减压服务等降低家庭暴力发生的风险。

三级预防（Tertiary Prevention），主要指对已经发生的家庭暴力案件进行干预，并提供相关服务；之所以也称"预防"，指的是预防家庭暴力升级或再次发生。

12. 强制报告

强制报告制度是反家暴、未成年人保护领域中一类法律法规、政策制度的总称,其要求在某种情形下,例如未成年人遭受家庭暴力时,一些单位、部门或个人必须履行义务,向公安机关或其他有关部门报告。

(1)《中华人民共和国反家庭暴力法》对强制报告的规定

第十四条：学校、幼儿园、医疗机构、居民委员会、村民委员会、社会工作服务机构、救助管理机构、福利机构及其工作人员在工作中发现无民事行为能力人、限制民事行为能力人遭受或者疑似遭受家庭暴力的,应当及时向公安机关报案。公安机关应当对报案人的信息予以保密。

第三十五条：学校、幼儿园、医疗机构、居民委员会、村民委员会、社会工作服务机构、救助管理机构、福利机构及其工作人员未依照本法第十四条规定向公安机关报案,造成严重后果的,由上级主管部门或者本单位对直接负责的主管人员和其他直接责任人员依法给予处分。

(2)《中华人民共和国未成年人保护法》(2024年修正)对强制报告的规定

第十一条第二款：国家机关、居民委员会、村民委员会、密切接触未成年人的单位及其工作人员,在工作中发现未成年人身心健康受到侵害、疑似受到侵害或者面临其他危险情形的,应当立即向公安、民政、教育等有关部门报告。

第一百一十七条：违反本法第十一条第二款规定,未履行报告义务造成严重后果的,由上级主管部门或者所在单位对直接负责的主管人员和其他直接责任人员依法给予处分。

(3)最高人民检察院、国家监察委员会、教育部等九部门《关于建立侵害未成年人案件强制报告制度的意见(试行)》对强制报告的规定

第二条：侵害未成年人案件强制报告，是指国家机关、法律法规授权行使公权力的各类组织及法律规定的公职人员，密切接触未成年人行业的各类组织及其从业人员，在工作中发现未成年人遭受或者疑似遭受不法侵害以及面临不法侵害危险的，应当立即向公安机关报案或举报。

第三条：本意见所称密切接触未成年人行业的各类组织，是指依法对未成年人负有教育、看护、医疗、救助、监护等特殊职责，或者虽不负有特殊职责但具有密切接触未成年人条件的企事业单位、基层群众自治组织、社会组织。主要包括：居（村）民委员会；中小学校、幼儿园、校外培训机构、未成年人校外活动场所等教育机构及校车服务提供者；托儿所等托育服务机构；医院、妇幼保健院、急救中心、诊所等医疗机构；儿童福利机构、救助管理机构、未成年人救助保护机构、社会工作服务机构；旅店、宾馆等。

第四条：本意见所称在工作中发现未成年人遭受或者疑似遭受不法侵害以及面临不法侵害危险的情况包括：

（一）未成年人的生殖器官或隐私部位遭受或疑似遭受非正常损伤的；

（二）不满十四周岁的女性未成年人遭受或疑似遭受性侵害、怀孕、流产的；

（三）十四周岁以上女性未成年人遭受或疑似遭受性侵害所致怀孕、流产的；

（四）未成年人身体存在多处损伤、严重营养不良、意识不清，存在或疑似存在受到家庭暴力、欺凌、虐待、殴打或者被人麻醉等情形的；

（五）未成年人因自杀、自残、工伤、中毒、被人麻醉、殴打等非正常原因导致伤残、死亡情形的；

（六）未成年人被遗弃或长期处于无人照料状态的；

（七）发现未成年人来源不明、失踪或者被拐卖、收买的；

（八）发现未成年人被组织乞讨的；

（九）其他严重侵害未成年人身心健康的情形或未成年人正在面临不法侵害危险的。

第十六条：负有报告义务的单位及其工作人员未履行报告职责，造成严重后果的，由其主管行政机关或者本单位依法对直接负责的主管人员或者其他直接责任人员给予相应处分；构成犯罪的，依法追究刑事责任。相关单位或者单位主管人员阻止工作人员报告的，予以从重处罚。

第十七条：对于行使公权力的公职人员长期不重视强制报告工作，不按规定落实强制报告制度要求的，根据其情节、后果等情况，监察委员会应当依法对相关单位和失职失责人员进行问责，对涉嫌职务违法犯罪的依法调查处理。

13. 家庭暴力告诫书

《中华人民共和国反家庭暴力法》第十六条规定："家庭暴力情节较轻，依法不给予治安管理处罚的，由公安机关对加害人给予批评教育或者出具告诫书。告诫书应当包括加害人的身份信息、家庭暴力的事实陈述、禁止加害人实施家庭暴力等内容。"

家庭暴力告诫书的作用：震慑加害人，防止其再次施暴；作为证明家庭暴力事实的发生的重要证据；通过具有仪式感的送达程序进行反家庭暴力教育。

工作者对于家庭暴力告诫书还应知晓如下内容：

- 开具家庭暴力告诫书，不会留下案底；
- 公安机关不得以告诫书代替治安管理处罚或刑罚；
- 开具告诫书不属于行政复议或行政诉讼的受案范围，因此加害人无法申请行政复议。

14. 人身安全保护令

《中华人民共和国反家庭暴力法》第四章对人身安全保护令进行了专章规定，确立了较为完整的人身安全保护令制度，包括在什么情形下可以申请、哪些人和机构可以申请、保护令的类型和签发时间、保护令的具体内容、保护令的执行以及法律责任等。

第二十三条规定："当事人因遭受家庭暴力或者面临家庭暴力的现实危险，向人民法院申请人身安全保护令的，人民法院应当受理"。由此可见，当事人在两种情况下可以申请保护令：一是遭受家庭暴力；二是面临家庭暴力的现实危险。申请人身安全保护令是独立程序，不以提起离婚等民事诉讼为条件。

申请主体即谁可以申请：当事人自己申请；当事人是无民事行为能力人、限制民事行为能力人，或者因年老、残障、重病等原因无法申请人身安全保护令的，其近亲属、公安机关、妇女联合会、居民委员会、村民委员会、救助管理机构可以代为申请。2022年8月1日施行的《最高人民法院关于办理人身安全保护令案件适用法律若干问题的规定》（法释〔2022〕17号）第二条规定，残疾人联合会、依法设立的老年人组织，也可以代为申请。

审理时限：根据法律规定，人民法院受理申请后，应当在七十二小时内作出人身安全保护令或者驳回申请；情况紧急的，应当在二十四小时内作出。

人身安全保护令可以包括下列一项或者多项措施：

- 禁止被申请人实施家庭暴力；
- 禁止被申请人骚扰、跟踪、接触申请人及其相关近亲属；
- 责令被申请人迁出申请人住所；
- 保护申请人人身安全的其他措施。

《最高人民法院关于办理人身安全保护令案件适用法律若干问题的规定》（法释〔2022〕17号，2022年8月1日起施行）第十条进一步规定，《中华人民共和国反家庭暴力法》第二十九条第四项规定的"保护申请人人身安全的其他措施"可以包括下列措施：

（一）禁止被申请人以电话、短信、即时通讯工具、电子邮件等方式侮辱、诽谤、威胁申请人及其相关近亲属；

（二）禁止被申请人在申请人及其相关近亲属的住所、学校、工作单位等经常出入场所的一定范围内从事可能影响申请人及其相关近亲属正常生活、学习、工作的活动。

保护令的时效：人身安全保护令的有效期不超过六个月，自作出之日起生效。人身安全保护令失效前，人民法院可以根据申请人的申请撤销、变更或者延长。

15. 家庭教育令/责令接受家庭教育指导令

在针对儿童的家庭暴力中，工作者需要关注儿童所在家庭，对家庭的监护状况开展评估，并根据需要提供支持性、补充性、替代性或保护性服务。当面临监护人监护能力不足、监护意愿不强或法律意识淡薄等情况时，工作者需要对监护人开展亲职教育或强制亲职教育，提升监护人的监护能力。当前，工作者可以通过"家庭教育令"或"责令接受家庭教育指导令"开展这项工作。

《中华人民共和国家庭教育促进法》第四十九条规定："公安机关、人民检察院、人民法院在办理案件过程中，发现未成年人存在严重不良行为或者实施犯罪行为，或者未成年人的父母或者其他监护人不正确实施家庭教育侵害未成年人合法权益的，根据情况对父母或者其他监护人予以训诫，并可以责令其接受家庭教育指导。"

《中华人民共和国未成年人保护法》（2024年修正）第一百一十八条第二款规定："公安机关接到报告或者公安机关、人民检察院、人民法院在办理案件过程中发现未成年人的父母或者其他监护人存在上述情形的，应当予以训诫，并可以责令其接受家庭教育指导。"

当前，各地法院纷纷发出"家庭教育令"。人民检察院发出"责令接受家庭教育指导令"，公安机关响应较少。2020年12月，深圳市某公安分局发出一份"责令接受家庭教育指导令"，并要求指导对象接受固定课时数的强制家庭教育指导，解决了"有责令无指导"的困境，也开启了公安机关履行家庭教育法定职责的先河。

16. 庇护制度

国际社会经验表明，庇护机构的庇护服务是家庭暴力受害人不可或缺的救助途径。中国在前期探索的基础上，也将庇护制度纳入反家庭暴力工作体系中。2015年，民政部和全国妇联联合下发《关于做好家庭暴力受害人庇护救助工作的指导意见》（民发〔2015〕189号），对受害人庇护救助工作提出指导意见。《中华人民共和国反家庭暴力法》第十五条、第十八条提到"临时庇护"，将庇护制度正式纳入国家法律。

随后，各省也将庇护制度纳入地方立法实践中，并有所发展创新。《云南省反家庭暴力条例》规定，民政部门、乡镇人民政府、街道办事处应当及时将受害人安置到临时庇护场所。① 广东省规定，有条件的居民委员会、村民委员会、城乡社区服务机构可以为社区内遭受家庭暴力的居民提供应急庇护救助服务。② 一些省市还加入"分类分区救助"的规定，即根据受害人的性别、年龄实行分类救助；依托救助管理机构设立的临时庇护场所，与救助场所分设，不得将家庭暴力受害人与其他救助人员混合安置。

17. 各部门/单位法定职责

根据相关法律规定，各部门/单位在反家暴工作中的职责如表 2-1 所示。

表 2-1 法律规定反家暴工作各部门/单位的法定职责

部门	法定职责
妇女儿童工作委员会	组织、协调、指导、督促有关部门做好反家庭暴力工作。
公安机关	① 将预防和制止家庭暴力纳入业务培训和统计工作； ② 受案，及时出警，制止家庭暴力； ③ 调查取证； ④ 协助受害人就医、鉴定伤情； ⑤ 危险情况下带离受害人，并协助临时安置； ⑥ 开具家庭暴力告诫书并送达、查访； ⑦ 给予加害人治安管理处罚； ⑧ 代为申请人身安全保护令； ⑨ 协助执行人身安全保护令； ⑩ 责令施暴家长接受家庭教育指导令。

---

① 《云南省反家庭暴力条例》，第三十二条第二款。
② 《广东省实施〈中华人民共和国反家庭暴力法〉办法》，第三十九条第二款。

续表

部门	法定职责
妇女联合会	① 组织开展家庭美德和反家庭暴力宣传教育； ② 将预防和制止家庭暴力纳入业务培训和统计工作； ③ 受理投诉、反映或求助，给予帮助、处理； ④ 对加害人进行法治教育； ⑤ 对加害人、受害人进行心理辅导； ⑥ 代为申请人身安全保护令； ⑦ 履行强制报告义务。
人民法院	① 审理涉家庭暴力的案件、认定家庭暴力事实； ② 受理保护令申请、作出人身安全保护令、执行保护令； ③ 对家庭暴力受害人缓收、减收或者免收诉讼费用； ④ 受理因家庭暴力撤销监护人资格的案件，另行指定监护人； ⑤ 责令未成年人的家长接受家庭教育指导。
民政部门	① 设立临时庇护场所，为家庭暴力受害人提供庇护及临时生活帮助； ② 救助管理机构、福利机构及其工作人员履行强制报告义务； ③ 救助管理机构代为申请人身安全保护令； ④ 对遭受家庭暴力的儿童提供保护服务； ⑤ 提起撤销监护资格的诉讼； ⑥ 对困境儿童家庭提供家庭教育指导。
教育机构	① 学校、幼儿园应当开展家庭美德和反家庭暴力教育； ② 学校、幼儿园及其工作人员履行强制报告义务； ③ 加强家庭教育指导。

续表

部门	法定职责
医疗机构	① 对受害人及时救治; ② 医疗机构应当做好家庭暴力受害人的诊疗记录; ③ 医疗机构及其工作人员履行强制报告义务; ④ 伤情鉴定机构做好家庭暴力受害人的伤情鉴定。
居民委员会、村民委员会	① 配合协助乡镇/街道做好反家庭暴力预防工作; ② 受理家暴投诉、反映或求助,给予帮助和处理; ③ 村(居)民委员会及其工作人员履行强制报告义务; ④ 对收到告诫书的加害人、受害人进行查访,监督加害人不再实施家庭暴力; ⑤ 向法院提起撤销监护资格的诉讼; ⑥ 对实施家庭暴力的加害人进行法治教育; ⑦ 对加害人、受害人进行心理辅导; ⑧ 协助执行人身安全保护令。

18. 危险评估

危险评估是反家暴工作的重要内容,是工作者需要掌握的工作技巧。危险评估可以方便受害人了解自身的真实处境,以便其做出适当的应对,也方便工作者分级干预。

(1) 亲密关系暴力的危险评估

发生在伴侣、前伴侣之间的家庭暴力,需要使用危险评估工具做筛查和评估。《亲密关系暴力危险性评估量表(CIDA)》(孟莉、李洪涛、付昨霖编制),分为"简表"和"15+2量表"两个量表。参见附录A表7中的7-1:(CIDA-S)简表和7-2:(CIDA)15+2量表。

附录 A 表 7-1 亲密关系暴力危险性评估量表（CIDA-S）简表，用于紧急情况下的快速评估。如有任何一种表现，都有家暴高危致命的风险，应引起工作者/当事人足够关注，并积极回应。

附录 A 表 7-2 亲密关系暴力危险性评估量表，（CIDA-S）15＋2 量表。量表包括 15 道测试题、2 道特别提示题和 1 道受害人主观评分题三个部分。

- 15 道测试题中，每题回答"是"的计 1 分，累加后计总分。3 分以下为"低危险"，4 至 7 分为"中危险"，8 分及以上为"高危险"。
- 特别提示题中的任何一题选择"是"，即为"高危险"。
- 受害人主观评分题中，可根据受害人的主观评估，分别将"不太危险"和"有些危险"判断为"低危险"；将"很危险"判断为"中危险"；将"非常危险"判断为"高危险"。

若以上三部分一致判断为"高危险"，则受害人危险程度高；三个部分判断不一致，工作者应注意收集更多信息，尝试寻求解释。

工作者在评估过程中，还应考虑以下注意事项。

- 工作者与受害人一起使用该量表进行评估，由工作者提问，受害人作答。受害人在作答时可能会想起来很多事情，如果不是特别紧急，工作者不用打断，而是保持一定的专注和倾听。此时，量表成为受害人回忆和讲述的线索。
- 工作者需要注意评估的时机。如果受害人处于危险状态中，应先脱离危险环境再进行评估。如果受害人受伤，先就医后再进行评估。如果受害人情绪极不稳定，处于心理应激状态中，工作者则需要先稳定受害人的情绪，待其平静之后再开展评估。

• 模棱两可情况的处理。有些题目受害人很难回答"是"或"否"，工作者也无法判定，此时建议把最终选择权交给受害人。

• 量表并不是唯一的评估标准，还应注意其他参考因素，例如加害人的类型、近期是否发生使加害人压力增大的事件等。工作者要对风险因子高度敏感，及时调整危险等级，并对受害人做出必要的提醒。

（2）受暴儿童的危险评估

对受暴儿童的危险评估需要使用的工具是民政部2017年发布的《受监护侵害未成年人保护工作指引》中的《未成年人受监护侵害程度评定参照表》，参见附录D。该表有11个评估维度，最终有4个评估等级，分别为：低危、中危、高危和极危。

《未成年人受监护侵害程度评定参照表》把六种情形直接标定为"极危"等级。另外该表中1～4的评估维度所规定的情况中存有一种或多种"高危"状况并严重威胁未成年人生命安全的其他事件的，也列为"极危"案件。按照法律规定，当儿童处于"极危"状态时，民政等相关部门应向法院提起撤销监护人资格的诉讼。

该表5～11的评估维度规定的情形，作为评估未成年人及其家庭的育儿意愿和能力、未成年人需求、未成年人是否适合继续由监护人监护等问题的参考依据。

（三）技巧

反家暴个案工作者一般要直接面对服务对象，并与多部门协同工作，因此需要掌握一些基本服务技巧和方法，将其运用在个案管理服务中，如会谈、个案管理和非暴力沟通等。

1. 会谈的技巧

按照目的和功能的不同，个案会谈可以分为不同类型，包括建立关系的会谈、收集资料的会谈、诊断性会谈、治疗性会谈和一般性咨询会谈。不同类型会谈的技巧略有差异，在此不做展开，仅介绍个案会谈的通用技巧：支持性技巧、引领性技巧和影响性技巧。

（1）支持性技巧

支持性技巧是指工作者通过语言和肢体语言，传达对服务对象的尊重、理解和接纳，从而建立信任。支持性技巧主要有专注、倾听、同理心和鼓励等。

- 专注是工作者表达自己愿意与服务对象在一起的态度，让服务对象感觉到有人与我同在，有人在专心陪伴我。工作者的身体姿态、眼神、表情、行为都可以给服务对象传达这种感觉。
- 倾听传递给服务对象的是我的痛苦有人听。工作者在会谈中要鼓励服务对象将自己的经历和真实的想法讲出来，工作者则积极主动地倾听，并有同感的回应。
- 同理心（Empathy），又称为共情，是工作者站在服务对象的立场，设身处地去体会服务对象的感受，并将其表达出来，使服务对象感受到被了解和接纳。同理心来自工作者敏锐的觉察，来自对服务对象所处困境的设身处地的理解，它既是一种态度，也是一种技术和能力。
- 鼓励是指通过口头的或肢体的语言，对服务对象的积极表现予以肯定，使服务对象增强讲述自身经历、感受和看法的意愿，或对其已有的良好行为予以肯定。

（2）引领性技巧

引领性技巧是指工作者引领服务对象具体地、深入地进行自我探索的技巧，主要有澄清、对焦及摘要等。

- 澄清是指引导服务对象对模糊不清的陈述和信息做更详细、更清楚、更准确的表达。澄清也包括工作者对自己的表达做更具体、更准确的阐释。
- 对焦是指将话题、讨论范围、内容或者问题集中，指出重心和目标所在，再继续讨论。
- 摘要是指把服务对象的长段谈话内容或不同部分的话题进行整理、概括和归纳，并简要摘述。

（3）影响性技巧

影响性技巧包括信息提供、自我披露、建议、忠告和对质。

- 信息提供：工作者基于专业特长和经验，向服务对象提供所需要的知识、观念、技术等方面的信息。提供信息包括服务对象不知道的新信息和帮助服务对象改正已有的错误信息。
- 自我披露：有选择性地向服务对象披露亲身经验、处事方法和态度等，从而使服务对象能够借鉴和参考来处理自身面临的问题。
- 建议：对服务对象所面临问题进行全面评估后，提出若干客观、中肯的建设性意见。工作者首先需要考虑清楚建议的可行性、背后理念与理论的正确性，以便建议合理中肯。工作者也应注意提出的时机和技巧,避免以专业权威的身份对服务对象造成压迫,干扰服务对象的自主选择。

• 忠告:工作者向服务对象指出其行为的危险性和危害性,指出其必须采取或停止的行动。忠告通常针对一些较为严重的情形,工作者要谨慎地给予忠告,而且需要解释背后的原因,使其能够理解和领悟。

• 对质:当服务对象的行为、经验和情感等出现不一致的情况时,工作者直接发问或提出疑义。工作者可以通过对质协助服务对象觉察自己的感受、态度、信念和行为的不一致,促进其思考和做出改变。

2. 多部门联动

家庭暴力作为一种侵犯家庭成员特别是妇女儿童基本人权的违法行为,不仅侵害公民的人身安全、自由和合法财产,破坏家庭的和谐与幸福,而且危害社会稳定和社会秩序。《中华人民共和国反家庭暴力法》规定了政府各个部门在反家庭暴力工作中的职责,各相关部门均有责任和义务预防和制止家庭暴力。

2008年,全国妇女联合会、中央宣传部、最高人民检察院、公安部、民政部、司法部、卫生部七部委联合制定《关于预防和制止家庭暴力的若干意见》(妇字〔2008〕28号)。2015年,最高人民法院、最高人民检察院、公安部、司法部联合发布《关于依法办理家庭暴力犯罪案件的意见》(法发〔2015〕4号)。2017年,全国妇女联合会、中央综治办、最高人民法院、公安部、民政部、司法部六部门联合下发《关于做好婚姻家庭纠纷预防化解工作的意见》(妇字〔2017〕13号)。2021年,国务院印发《中国妇女发展纲要(2021—2030年)》(国发〔2021〕16号)。2022年,最高人民法院、全国妇女联合会、教育部、公安部、民政部、司法部、卫生健康委等七部委联合制定《关于加强人身安全保护令制度贯彻实施的意见》(法发〔2022〕10号)。以上文件均要求各个部门在预防和制止家庭暴力工作中各尽其职,加强联动协作。

多部门联动既可以指向一种反家暴工作机制,或者落实到纸面上的规范性文件,又可以指向一种工作理念和方法。

(1) 多部门联动机制

区域内应有一套多部门联动机制,落实为政府文件或相关规定,可以命名为"×××反家庭暴力多部门联动机制"。文件一般由某一政府部门或地方妇女儿童工作委员会牵头起草,并向各成员单位充分征求意见。

构建经过各个部门普遍认可的多部门联动机制,是开展家庭暴力防治工作的重要前提。反家暴工作者应努力倡导,推动区域内联动机制的建构,为反家暴工作提供制度保障。

多部门联动机制包含(但不限于)如下内容,见表2-2。

表 2-2 多部门联动机制内容

分类	具体内容
组织保障	① 成立地方反家暴工作领导小组,设立领导小组办公室; ② 具有号召力的党政部门领导担任领导小组组长、副组长。
部门职责	明确相关成员单位及各单位的法定职责。
工作原则	明确反家暴及联动的工作原则。
工作流程	① 明确案件接案、预估、介入、结案、评估的干预流程,分类分级管理; ② 明确部门间个案及信息的转入、转出规则,实现无缝连接。

续表

分类	具体内容
工作制度	① 建立联络人制度，方便各成员单位之间的沟通协调； ② 明确案件通报制度和强制报告制度； ③ 明确高危个案联席会议制度； ④ 多部门工作例会/联席会议制度； ⑤ 案件督办和责任倒查机制。
成效评估	① 制定反家暴工作岗位及部门考核机制； ② 多部门合作干预成效的评估。

（2）工作者推动多部门联动实务指引

为了给服务对象提供更优质的服务，提高反家暴服务水平，工作者应该了解并运用本区域内的多部门联动机制，可以通过知晓如下事项和进行如下实践实现：

· 工作者应充分了解各个部门在反家暴工作中的法定职责；
· 对成员单位的贡献给予充分肯定；
· 赋能各成员单位和工作伙伴；
· 高度重视人与人之间的关系；
· 循序渐进，多部门联动可以从个人到组织、从非正式到正式、从局部到全面，重视通过个案合作推进和落实多部门联动；
· 在个案管理服务中，既要有担当的勇气，又切忌大包大揽，主动利用多部门的资源，调动多部门联动的积极性。

3. 一站式服务

由于家庭暴力案件问题复杂、服务对象需求多元，而满足服务对象需求的相关资源则分散在各个部门或组织中，相关法律对各部门法定职责的规定也证明了这一点。在此情况下，服务对象在求助时往往难以找到对应的部门，甚至求助无门。服务对象在向各个部门或组织求助时，需要反复叙述创伤经历，可能造成对其的二次伤害，各部门独自应对复杂的家暴案件也存在困难。因此，建议各部门或组织考虑在多部门联动的基础上，更进一步地提供一站式服务，即与反家庭暴力相关的服务尽可能在一个部门或一个场所内完成，如临时庇护、心理辅导、法律咨询及经济救助等。

一站式服务可以简化程序，减少服务对象在各部门之间往来奔波的次数，降低求助成本；也减少了受害人回忆和复述家暴情形的次数，避免或降低其所受的二次伤害。为实现这一目标，可以拓展本部门或机构的服务范围，也可以协调联动其他部门或机构共同提供服务。

4. 个案管理

个案管理是反家暴服务常用的工作方法，是当服务对象面临多重问题、需求多元和资源分散等情况时，工作者所开展的跨专业、跨部门、跨机构甚至跨地域的整合性服务。开展个案管理的工作者可以称为个案管理员。

理想的个案管理员是服务对象的咨询者、陪伴者、教育者、使能者，也是关系的协调者，资源的整合者、管理者，还承担着服务的促进者、督导者及政策倡导者等多重角色。在当前情况下，反家暴个案管理的开展，最需要工作者具有系统思维，在关系协调、资源的整合与管理方面发挥作用。

在当前各部门职责边界不够清晰、对家庭暴力缺乏正确认知的总体背景下，反家暴工作者为家庭暴力的受害人尤其是为受暴儿童提供维护权益的勇气和担当，在反家暴个案管理中是必不可少的。

(1) 个案管理的目标

在当前阶段，为了保证反家暴服务的有效性，"以受害人为中心"的反家暴个案管理有三大工作目标：保护受害人的安全、推动对加害人的惩戒和受害人的心理复原。

对加害人的惩戒，是执法部门的职责，其他部门或机构的工作者没有执法权，但是有责任"推动"执法部门工作。这么做的原因有两个：一是依法惩戒增加了加害人的施暴成本，有效预防再犯；二是基于严格执法的现实需要。执法部门应高度重视家庭暴力的危害，做到有法必依、执法必严。在倡导和推动过程中，工作者要维护好部门之间的合作关系。

(2) 个案管理的工作内容

反家暴个案管理的工作内容包括直接服务、协调联动和资源链接三类。

直接服务是工作者直接针对受害人及其家庭所展开的服务，包括危险评估、普法教育、报警指导、安全计划和心理辅导等内容。

协调联动则是对公安、法院、民政等多部门所开展的推动工作，包括警务协调、司法协调和庇护协调等内容。针对服务对象需要，但是通过直接服务和协调联动均无法获取的资源，则需要进行资源链接。

资源链接指的是工作者通过一切可能的科学方法或恰当手

段,为处于困境中的服务对象提供资源,促使服务对象摆脱当前困境的一种方法。在此过程中,工作者需要不断获取、挖掘和整合资源。

● **资源的种类**

凡是能够协助服务对象发挥潜能、解决问题、满足需求、增进其适应力的资源,都称为资源。[①]

学者潘淑满对资源进行了两种分类(潘淑满,2000):以服务对象为主体,可以将资源分为内在资源和外在资源;以机构为主体,可以分为有形资源和无形资源。

其具体分类见表2-3[②]。

表2-3 资源列表

以服务对象为主体进行分类	内在资源	家庭	家庭成员之间的忠诚度、同理心、情绪支持、互动和沟通方式。
		个人	先天条件如智力、体力和健康状况,后天发展的素养如表达能力、自信心、抗逆力等。
	外在资源	正式资源	① 有税收支持的政府资源,受法律或相关规定规范,一般服务对象无须直接付费,如法律援助;② 民间资源。[③]
		非正式资源	服务对象本人或自然助人者(亲戚、朋友、邻居、志愿者),比正式资源更加自发、有弹性地满足服务对象的个别需要。

---

① 潘淑满:《社会个案工作》,心理出版社2000年版,第352-360页。
② 潘淑满:《社会个案工作》,心理出版社2000年版,第352-360页。
③ 指民间正式资源,如提供有偿服务的心理咨询师等专业工作者,并非自然助人者。——编者注

续表

以机构为主体进行分类	有形资源	人力	专业工作者、地方领袖、志愿服务人员、临时义工。
		物力	各种场地和硬件设备,如活动中心、学校、图书馆、公园、文化中心、电脑、图书等。
		财力	来自政府和民间的各种经费及预算。
	无形资源		社会价值、意识形态、信念、专业技术、知识概念、社会关系等。

在反家暴工作中,工作者容易感受到资源的匮乏,并因此感到沮丧,这有其现实原因。我们在倡导政府和社会提供更多资源的同时,也可以借用优势视角来看待资源:相信个人和社会都有解决自身问题的能力和资源,只要充分挖掘现有资源并将其发挥到极致。这种资源观更积极,也能够提升工作者的自我效能。

● 资源评估(见图 2-1)

工作者对于资源的运用必须建立在问题和需求全面评估的基础上,对服务对象的问题、需求及相关支持系统与资源进行全面评估。下图为评估参考架构[①]。

● 运用资源的技巧

工作者需要有非凡的智慧、良好的人际关系,熟练掌握专业知识、善巧的方法,具备良好的沟通能力,在坚守职业操守的前提下长袖善舞,为服务对象提供适切的资源。对于资源运用的技巧,学者郭江北总结(郭江北,1989):了解政府的年度预算并予以争取;机构有关人员应主动宣传,广结善缘,广泛建立关系,作为资源链

---

① 潘淑满:《社会个案工作》,心理出版社2000年版,第362页。

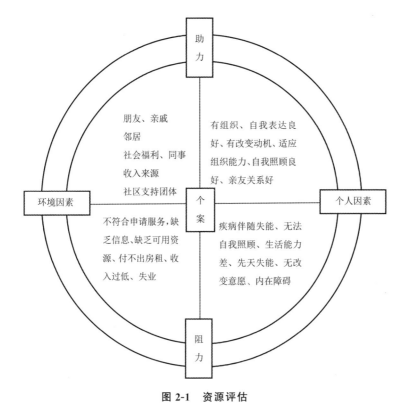

图 2-1 资源评估

接的基础;主动向媒体和公众披露机构的各项服务成果,在提高机构知名度的同时,也便于大众了解机构并加入服务行列;主动接触学校、医院等相关机构,了解社区内可用的设备资源,并了解相关规定,方便转介个案或申请服务;个人方面应培养助人的气质和服务精神,热心坦诚、讲求信用、待人公平、牺牲奉献、富有时间观念、注意个人操守。①

---

① 潘淑满:《社会个案工作》,心理出版社 2000 年版,第 365-366 页;表述有改动。

5. 推动公安介入的技巧

公安机关介入对于家暴干预意义重大：其一，公安机关可以制止正在发生的暴力，保护受害人；其二，公安机关依法调查取证，协助伤情鉴定以及后续的处罚文书，都是证明家庭暴力存在的重要证据；其三，公安机关的有效干预对加害人造成震慑，预防再犯。同时我们也认识到法律的普及需要长期努力。在法律落实的进程中，难免会存在一些执法者对于家庭暴力的危害性认识不足、执法不严等问题。社会组织者运用一定的方法技巧推动公安介入，以充分发挥公安机关在反家暴工作中不可替代的作用。

推动公安介入可以有以下技巧：

- 鼓励受害人向公安机关求助和争取权益，工作者可以提供指导和协助；
- 陪同受害人报警、代为报警或沟通协调；
- 温和而坚定，沟通时不卑不亢；
- 鼓励受害人明确清晰地说出具体诉求，降低公安机关决策成本；
- 将相关法律依据打印出来，随身携带，便于沟通；
- 携带处置家暴案件所需的文书工具，如家庭暴力告诫书模板、将儿童强制带离及送交民政部门的文书等，以方便公安机关执行；
- 工作者注意个人形象，言行举止展示出职业化形象，沟通时不卑不亢；
- 通过妇女联合会、检察院等第三方，协调和督促执法；
- 对于警方的有效干预及时给予肯定，正向反馈有利于激发公安机关干预家暴的热情和动力；

- 推动构建区域反家暴多部门联动机制，支持公安机关开展反家暴业务培训，提升基层民警的处置水平。

6. 调解

调解是矛盾纠纷化解方法中的一种手段和方法，是通过引入公平公正的第三方，通过情、理、法的综合运用，促使当事人在平等协商的基础上自愿达成协议，解决纠纷。根据调解主体的不同，我国大陆地区的调解主要有行政调解（行政机关）、司法调解（法院）和人民调解（人民调解委员会）。与婚姻家庭有关的调解称为婚姻调解或家事调解，广泛被公安、法院、妇联等部门和人民调解组织使用。

调解是处理家庭纠纷和家庭暴力众多方法中的一种，并不是唯一手段。调解员和工作者对涉家暴案件的调解应持谨慎态度，原因是多方面的：广泛存在的以调解代替处罚的举措无法有效制止家暴行为；受害人的安全无法得到保障；损害受害人权益等。

对涉家暴案件进行调解，应在满足如下条件时进行：

- 调解员应经过反家庭暴力相关知识和技能的培训；
- 调解员必须具有性别视角，对妇女儿童权利有敏感意识；
- 调解前经过充分的评估，确认家暴是偶发的且是低危险，并且受害人有接受调解的意愿；
- 加害人已经认错、停止暴力且得到依法惩戒，调解只是作为化解矛盾与关系缓和的必要补充；
- 充分保证受害人的人身安全，对调解的场所和流程做周密的安排，如进入调解室之前须进行安全检查、让受害人先行离开等；
- 允许受害人有陪同人员一起参加调解，以保证安全；

- 受害人能够不受胁迫地自由表达意愿；
- 遵循调解的其他伦理和原则。

7. 特殊时期开展反家暴服务的技巧

一些时候，工作者和服务对象的行动受到限制，寻找支持和提供服务均有一定阻碍。在特殊时期，全社会的资源分配、政府部门的工作重点都与平时不同。作为反家暴工作者，该如何开展工作呢？

（1）坚守生命至上原则

特殊时期，面临家暴危险，受害人有权求助甚至应该逃离现场和寻求庇护，但逃离现场受害人又面临风险或者政策不允许。此时，受害人和工作者会面临两难抉择。

秉承生命至上原则，如果受害人待在家里会有生命危险，就要想尽一切方法逃出去，反家暴工作者应提供支持。生命安全是受害人的首要考虑因素，生命至上原则是政府工作人员和专业助人者必须遵循的首要原则。

（2）多途径持续提供服务

工作者应充分利用热线、手机、社交媒体等方式与服务对象保持联络，保证反家暴工作不中断，维持正常开展。对于正在服务中的服务对象，应清楚告知其联系工作者的新渠道，保持服务的及时性和持续性。

（3）做好资源链接

工作者应了解公安、法院及妇联等部门在特殊时期的工作安排，评估相关影响，保持与各部门的联络渠道畅通，以备不时之需。关注各部门的新举措,并及时告知服务对象。工作者可以总结梳理本地反家暴资源和相关信息,利用互联网进行分享和传播。

(4) 重视和发挥村（居）委会的力量[①]

村（居）委会作为基层居民自治组织,功能多任务重。受害人和工作者不可忽视其作用,如能建立起良好的信任关系,会有利于获得帮助。工作者可以协助村（居）委会开展如下工作:

- 对困难群众进行摸底排查;
- 对一般家庭纠纷进行调解;
- 向上级报告高危险个案;
- 协助求助者获得必要的支持;
- 加强巡查,保障求助者安全;
- 对家暴案件进行回访;
- 对受虐儿童进行临时监护。

(5) 做好反家庭暴力宣传

社会组织和工作者可以通过社交媒体、物业公告栏及电梯广告栏等渠道广泛宣传反家庭暴力,倡导用非暴力的方式解决家庭冲突,用文明的方式进行家庭教育。组织线上课堂,对居民进行心理疏导,传播心理减压技巧,倡导非暴力沟通理念。

(6) 组织线上反家暴志愿者队伍

社会组织和工作者可以积极组织热心志愿者参与家庭暴力防治工作,通过具体的学习和任务,既教育居民,又能为反家暴工作储

[①] 刘西重、李洪涛、万薇、万飞、刘秀、何胜洋、陈锦贤:《疫情期间家暴防护实用手册》,2020 年。

备力量；还可以组织专业力量，开通工作热线，为受害人提供专业指导和服务。

8. 有特殊需要群体的反家暴服务

儿童、残障人士、多元性别群体及艾滋病病毒感染者是容易遭受家庭暴力的高风险人群，同时这些群体又面临着遭受家庭暴力后，更难获得帮助的困境。

（1）儿童[①]

儿童是《中华人民共和国反家庭暴力法》规定的特殊保护对象。工作者在与受暴儿童沟通时，应当根据其心智水平和心理状态，使用适合儿童理解的语言及表达方式。语调要平和，说话务必简要、准确、通俗易懂。同时，与受暴儿童的沟通，还应注意以下几点：

- 第一时间见到儿童，确认其处于安全环境；
- 基于安全等因素的考虑，与受暴儿童沟通时，至少有两名工作者在场，最好有一名女性工作者；
- 工作者应说明自己的身份，并强调"我们是来帮助你的"或"别怕，我们是来保护你的"；
- 不要对所听内容表现出震惊或愤怒，以免吓到儿童；
- 不要表现出对加害人的反感或敌意，可以平静地说："我们一起帮爸爸/妈妈改正错误"；
- 不要质疑甚至否定身为加害人的父母对儿童的爱；

---

① 更多儿童友好、以儿童为中心，并且考虑不同年龄儿童的服务知识和技巧，请参考联合国儿童基金会开发的手册《关爱性虐待儿童幸存者》，https://www.unicef.org/documents/caring-child-survivors-sexual-abuse，最后访问时间：2024年10月10日。

• 当儿童讲出受暴经历时，工作者要及时给予感谢、肯定和鼓励，可以说："谢谢你愿意告诉我/感谢你愿意信任我，说出来是对的，你很勇敢"；

• 当儿童自我责备时，告诉儿童："这不是你的错，你已经尽了最大努力"；

• 对儿童讲出的内容予以信任，不要表达质疑；

• 不作过度承诺，比如当儿童请求"不要告诉任何人"时，工作者不能对其作出承诺。

（2）残障人士①

根据联合国人口基金 2018 年的调查报告，全球范围内，残障妇女和女童遭受性别暴力的比例是非残障女性的十倍。② 可见，残障妇女和儿童尤其需要反家暴工作者给予关注和提供服务。

残障妇女和儿童遭受家庭暴力的形式也分为身体暴力、精神暴力、性暴力和经济控制四类，但在具体表现上又有一些特殊性：如威胁不给治病或者不予照顾、拒绝提供照料或剥夺医疗资源、限制外出、对导盲犬实施暴力或不提供无障碍辅具（如轮椅、助听器）、限制手机及网络使用、迫使残障人士长期目睹暴力、强迫婚配等。同时，针对残障妇女和儿童的暴力行为往往更为隐秘，且这些群体的求救容易被忽视。

● **全面融合的残障观**

工作者在为残障妇女和儿童提供反家暴服务时，除了应有性别

---

① 本部分内容主要摘编自彭玉娇残障社群的反家暴工作手册。

② 《残障青年：关于消除性别暴力和实现性健康和生殖健康及权利的全球研究报告》，联合国人口基金，2018 年。

视角，还应该有全面融合的残障观，用发展的眼光来看待残障人士。工作者在服务残障人群时，应知道以下重点知识：

• 障碍是一种具有时效性的状态。一个人是否属于障碍人士，受障碍影响的程度会随着时效性、严重性和外部条件的不同而变化；

• 障碍与社会环境、公共设施和他人的态度密切相关，例如轮椅使用者面临的障碍，不仅仅是个人的原因，工作者更应该看到公共设施没有设置无障碍通道，此时的障碍也是社会造成的；

• 强调激发残障人士的潜能和价值，倡导建立残障人士和社会之间良性互动的状态；

• 合理便利，即在不造成不当或过度负担的情况下，给身心障碍的家暴受害人提供适合其具体需求的帮助，比如庇护场所提供无障碍设施（马桶/扶手/坡道）、为听障受害人提供手语翻译服务、给视障受害人合理的指引和帮助、与心智障碍的受害人进行容易理解的沟通、提供特殊教育老师协助个案处理等；

• 包容性设计，即在产品和服务设计时，考虑到不同用户群体，包括残障群体的需求，做出有包容性的解决方案。

● 与残障人士相处的基本原则

• 尊重本人意愿，不做出假设。提供帮助时，请始终首先询问他们的要求，按照他们的意愿来进行指引；

• 发现他们的优势，这会更有助于交流；

• 以与其他人相同的方式和残障人士打招呼，例如，和其握手，即使他们的手掌或手臂有损伤；

• 直接面对残障人士本人交谈，尤其是听力障碍者，而不是与他们的口译员或助手/照顾者交谈；

　　• 像对待其他儿童或成年人一样对待残障儿童或残障成年人；

　　• 向他们请教如何与之共处。如果你对沟通方法、使用的语言或需要的协助等有疑问，应该及时问他们。你的服务对象永远是你最好的学习途径之一。

● 基于不同障别给工作者的提示，见表2-4[①]

表2-4　基于不同障别的提示

障别	给工作者的提示
视力障碍	当你遇到有视力障碍的服务对象时，需要遵循的总原则是：视力障碍或损伤者需要听到其他人看到的情况。除此之外，还可以参考以下提示。 　　① 确保你的服务对象知道你是在跟他说话。轻轻触碰服务对象的胳膊或者肩膀是一个能引起他们注意的好方法。可以先询问是否可以有肢体接触，注意不要摸头，避免造成受服务对象不适。如果服务对象表示拍肩膀可以接受，可以换成肢体接触。 　　② 对着服务对象直接讲话，而不是通过陪伴在他们身旁的人。 　　③ 口头介绍参与谈话的其他人，比如"我的同事也在这里，他在你的右手边"。 　　④ 如果你想结束交谈，请直接告诉服务对象，因为他们可能看不到你的动作或表情暗示。 　　⑤ 当你从服务对象身边走开时，需要口头告诉他们一下。 　　⑥ 当遇到图表时，向服务对象描述所显示的内容。 　　⑦ 询问视力障碍者是否需要其他格式的文件，例如盲文或大字体。在某些情况下，视力障碍者可能更喜欢可以通过屏幕阅读器访问的电子文档软件。

---

① 摘编自彭玉娇残障社群的反家暴工作手册，部分表述有改动。

续表

障别	给工作者的提示
听力障碍	① 找出服务对象喜欢交流的方式。有听力障碍的人可以使用写字、唇读和手语的组合。这可以通过观察确定他们与他人的互动，或通过简单的手势来建议交流选项。 ② 在讲话之前，请举手或有礼貌地挥舞，以引起服务对象的注意。
听力障碍	③ 直接与有听力障碍的人面对面交谈，而不是与手语翻译员交谈，因为他们只是在帮助沟通。 ④ 以正常的音量清楚地说。喊叫会让你的声音失真，会使读唇语变得十分困难，而且也会让你的谈话对象感觉非常尴尬。 ⑤ 面对你的谈话对象。如果服务对象看不到你的脸，就无法读唇语。 ⑥ 讲话时不要遮挡你的嘴。 ⑦ 尽可能在亮处对话，如果你在暗处，服务对象可能很难看清你脸的细节。 ⑧ 在安静的地方与听力障碍者交谈，不论你或者服务对象都更能集中注意力而不被打扰。 ⑨ 向听力障碍者传递信息的最有效的方式是使用简单明了的语言。简单易懂的信息更能为听力障碍者和其他读写能力低于一般水平的人所接受，例如应尽量避免使用术语；当你通过手语翻译进行交流时一定要记住手语和口语的结构不同，使用直接的词组和句子，避免晦涩的遣词造句和成语。 ⑩ 使用手机的听力障碍者也更加喜欢利用手机短信、社交软件或邮件来接收消息。 ⑪ 切记，当你呼唤他们时，听力障碍者可能听不到。你可以通过轻轻触碰他们肩膀来引起注意。 ⑫ 与听力障碍者或者重听人交谈需要放慢节奏，用时会长一些，急躁或催促只会使交流更加困难。 ⑬ 学习使用手语是提升为听力障碍者提供服务的最好的方式，即使是最基本的手语，如指语，或学习一些常用词语的手语表达手势也对促进交流大有帮助。注意手语的地域性差异和变化。

续表

障别	给工作者的提示
肢体障碍	① 未经服务对象允许，请勿倚靠或移动残障者的轮椅或辅助设备。轮椅是他们身体的一部分，随意触摸或者倚靠都是不妥的。
肢体障碍	② 当与坐在轮椅上的人谈话时，可以考虑坐下或者蹲下以便使双方视线处于同一高度，对方也不必因为要仰着头和你说话而导致颈项疼痛。 ③ 行走有困难的人通常会认为扶靠椅子的扶手能使他们更容易入座和从椅子上站起来。 ④ 即使一个人可能看上去抓握能力非常有限，也不要因此而不敢和他握手。 ⑤ 采取和他们一样的速度行走，如果他们的走路速度比您慢，请不要走在他们前面。 ⑥ 检查活动场所和空间是否无障碍，包括洗手间等；检查是否有足够的空间供行动不便的轮椅使用者在房间里四处走动。
心智障碍	① 心智障碍人士在理解、学习、记忆及将信息应用于新情况上可能会遇到困难。但是如果我们改变工作方式，智障人士是可以学习新事物并参与我们的活动的。 ② 心智障碍者可能需要更多时间思考决定或与他们信任的人讨论他们的选择。 ③ 在交谈时，用简单的词语，把复杂的概念分解简化成小的、通俗易懂的内容。可以使用现实生活中的例子来解释和说明要点。 ④ 直截了当地就一个话题进行交流，谈论和发问更容易让人理解。 ⑤ 有些人可能找不到合适的词来表达他们想表达的意思。这时候你可以提供一些建议，供他们反馈和回应。一次不要提供太多的内容或建议供他们选择。 ⑥ 如果你觉得服务对象没有完全理解或者很困惑，可以请他们用自己的话复述听懂的部分，然后再讨论剩下的部分。 ⑦ 应仔细辨别。有些人会力图给你一个正确的答案或你可能会喜欢的答案，而没有告诉你真相。 ⑧ 可以使用"易于阅读"的素材，比如图片，来与心智障碍人士交流信息。

续表

障别	给工作者的提示
精神障碍	① 保持耐心和友善，构建一个令人平静的氛围。紧张慌乱会使人更焦虑。 ② 应该意识到，有些精神障碍者可能会对那些他们认为刺激了他们情感的话题和对话反应过激，有些可能无法处理和表达情感。 ③ 如果发觉服务对象正经历痛苦，应先保持冷静，待对方冷静下来后再和其讨论问题。 ④ 表达要清晰。如果你觉得服务对象没有完全理解或者很困惑，可以请他们用自己的话复述听懂的部分，然后再讨论剩下的部分。 ⑤ 应仔细辨别。有些人会力图给你一个正确的答案或者你可能会喜欢的答案，而没有告诉你真相。

(3) 多元性别群体

多元性别群体遭遇家庭暴力的来源有原生家庭暴力、亲密关系暴力和异性伴侣暴力。

原生家庭暴力的形式主要有：禁锢、殴打、情感虐待、经济封锁、驱逐出家、强迫婚姻和强制扭转治疗，包括电击治疗、强制服用精神药物、送往精神病院、强制进行性交等。亲密关系暴力中的精神暴力较为突出，如威胁自杀/自残等。形式婚姻中的异性伴侣暴力，常以子女作为威胁。

(4) 艾滋病病毒感染者[①]

大部分艾滋病毒感染者非常忌讳提到"艾滋病"三个字，因此使用"感染者"这一称谓会显得更加友好。感染者本人、孩子和家

---

① 本部分内容主要来自对某资深抗艾专业人士的访谈。

庭都可能遭受社会的歧视。感染还会使感染者身体变差，无法从事重体力劳动，进而影响经济收入。感染者还可能面临由于服用药物带来支出增加，造成经济压力增大和生存状况变差。

女性感染者容易遭受到来自伴侣的歧视、羞辱和更多的性暴力，尤其是单阳①家庭。伴侣出于恐惧或担心被感染，拒绝夫妻生活，或者采取自己看来不会感染的方式进行性生活，这对于感染者而言，可能是一种羞辱。在遭受家庭暴力时，女性感染者担心感染状况被暴露，更不愿意向外求助，往往选择忍气吞声。伴侣可能会威胁："我为什么要打你，你还好意思说？"

工作者在服务感染者时，应注意以下事项：

- 使用"感染者"称谓，避免使用"艾滋病携带者"等称谓；
- 保护隐私，并明确告知感染者，这对于感染者非常重要；
- 充分尊重和认同感染者，例如多说"这不是你的错"；
- 鼓励和帮助感染者提升自我认同；
- 将反家暴和反歧视、治疗议题综合考虑，进行系统干预；
- 开展同伴教育，邀请单阳家庭中的阴性伴侣参与，通过现身说法，降低伴侣的恐惧和担心；
- 由于社会污名化严重，感染者对工作者建立信任需要时间，工作者应给予更多耐心。

---

① "单阳"指的是伴侣之间只有一方检测为阳性。

第三章 ｜ 个案管理流程

在本手册第二章"直接服务能力"中将个案管理定义为"反家暴服务常用的工作方法，是当服务对象面临多重问题、需求多元、资源分散等情况时，工作者所开展的跨专业、跨部门、跨机构甚至跨地域的整合性服务"。实践证明，个案管理是解决家暴问题的有效方式。

个案管理要求工作者在社会生态系统中体认和解释服务对象的现实处境和行为，即家暴成因的复杂性、受害人需求的多元性以及解决方法的多样性。由此，既能在相互信任、安全的专业关系中陪伴与赋能服务对象，又能适时链接整合多方资源，促使多部门和多专业参与，改善服务对象的内部、外部环境。在个案管理过程中，工作者身兼咨询者、陪伴者、教育者、使能者以及资源整合者、政策倡导者等多重角色。

个案管理不同于社会工作领域中的个案工作，两者同样作为专业方法，但在服务提供的方式、目标、角色和技术等方面有所区别，编写组综合不同专家学者的研究，归纳出区别如表 3-1 所示。

表 3-1　个案管理与个案工作的区别

	个案管理	个案工作
服务提供者	主案社工负责，链接多专业和多部门服务者	专业社会工作者
功能	强化或发展资源网络来满足服务对象的需求	解决服务对象的问题
主要角色	教育者、协调者、倡导者	使能者、咨询者、治疗者
服务目标	协助服务对象发展使用资源的知识和技巧，争取资源	个人的适应与协助解决问题
运用技巧	① 社会工作者努力联结服务对象与资源 ② 获取内、外资源的技术 ③ 运用生态系统理论，针对不同系统层次处置的技术	① 问题解决的相关技巧 ② 人际关系技巧

本章将按照个案管理员提供个案管理服务（以下简称"个案管理服务"）的五个步骤进行详细讲解，阐述各步骤包含的主要内容、所使用知识、工具及技巧等。本手册中，个案管理服务的五个步骤是：接案与建立关系、资料收集与评估、制定服务目标和服务计划、服务介入与实施、结案与评估。本章将会交替使用"工作者"及"个案管理员"，用于描述服务于反家暴个案管理的工作者。

个案千差万别，不存在唯一正确的个案管理流程。本流程旨在提供参考，工作者需根据工作场域和具体情况的不同进行灵活调整。

(一)接案与建立关系

在个案管理服务的接案与建立关系阶段,需要了解受害人的基本信息,并判断受害人的求助需求是否符合工作者所在机构的服务范围、是否应该开启个案管理服务。在此阶段,个案管理员可能与受害人会面、进行沟通和建立服务关系,有以下内容需要了解和考虑。

1. 案件来源

家暴个案的来源大致可分为受害人主动求助、外展发现的服务对象、其他机构或部门转介的服务对象和强制报告案件的服务对象等四种基本方式,其中受害人主动求助的方式主要有热线咨询及来访咨询。针对不同的来源,个案管理员所能了解到的求助对象的前期信息不同,亦需要针对不同的来源,做好不同的准备工作。

(1)受害人主动求助

通过其自述了解求助原因,对其求助时的状态进行了解及初步评估。如果求助对象是由其他同事接待的,个案管理员需要向同事尽可能详细地了解求助对象当时的状态。

(2)外展发现的服务对象

由于是个案管理员本人亲自发现的,更有利于消除受害人对个案管理员的不信任,引导其接受服务。个案管理员还应将外展过程中了解到与服务对象相关的家庭关系、社会关系及其身心状态等信息进行汇总。

(3) 其他机构或部门转介的服务对象

个案管理员需要了解服务对象转介之前接受的服务以及服务效果、服务对象尚未得到回应的服务需求，并及时了解服务对象目前的状态。

(4) 强制报告案件的服务对象

有些服务对象是相关机构或个人发现的无民事行为能力人、限制民事行为能力人因遭受或疑似遭受家庭暴力而向公安机关或其他部门强制报告而来的。一般的强制报告案件情况都比较紧急，个案管理员或机构需要在协同相关部门工作的同时，对服务对象的安全和相关信息做跟进、评估和了解。

2. 接待服务场地

遭受家庭暴力的受害人在求助时往往对外界的环境和人极为敏感，安全感和信任感不足，需要一个安全、放松的接待环境。一般情况下，会谈应该发生在个案管理员的办公室或机构专门的会谈室，个案管理员与服务对象空间位置最好是直角，面向服务对象时，上身微微前倾，保持良好的视线接触。

在特殊情况下，接待服务的地点安排可以考虑受害人的行动能力、需求及问题的特殊性等。如果需要外出走访，则建议由两名工作者一起，也可以寻求社区、派出所的支持。

3. 个案管理员的自我介绍

个案管理服务开始时的初次面谈是非常重要的环节，对服务对象和工作者关系的建立，起到关键作用。在初次面谈时，一个非常重要的技巧是个案管理员主动介绍自己，介绍内容应包含开场的问候语、姓名、个人的专长、机构名称、在机构负责的工作、提供协助的目的及可以提供服务的类型等等。

例如："您好，我是××机构的社工，你可以叫我××，我们机构服务范围有××，我在机构主要负责××工作，请问有什么可以帮您的吗？"

在个案管理员与服务对象的初次联络或日常沟通中，很大可能会通过电话进行。对于个案管理员来说，无论通过何种方式服务，每次谈话之前都应该优先确认服务对象的当下安全。当以电话方式进行服务时，可以通过一些方法在通话最开始时确认服务对象是否安全。

第一种情况：受害人本人接听

例如："您好，请问您是××吗？我是××，您现在方便通话吗？"

安全环境下："我知道您最近似乎发生了一些事情，我很关心您的状况，也想和您讨论一下是否有我可以协助的地方。"

危险环境下："如果您现在不方便讲电话，可以挂掉电话，挂断电话后，您可以说我们是做两癌筛查宣导或者广告推销的，您方便时再回电给我，我也会再找时间打给您。"

第二种情况：非受害人本人接听

如果个案管理员使用的是单位固定电话，可以向其介绍社区或妇联的公益活动。

例如："请问您是××吗？我是××，这个月我们有开设亲子活动或法律讲座，想看××有没有参加意愿，请问能让她接听电话吗？"

如果个案管理员使用的是工作手机，可以模仿广告宣传电话。例如："我是××房地产公司或××保险公司……"

4. 明确服务对象的需求和可提供的服务

在为服务对象正式提供个案管理服务之前，个案管理员需要协助服务对象确认需求，并明确机构可以提供的服务内容，给予服务对象合理的期待。

服务对象寻求帮助时可能处于混乱时期，对自己的需求可能无法明确，个案管理员可以与服务对象进行讨论，协助其了解和明确自己所需要的服务。在讨论过程中，建议的步骤及包含的内容如下：

- 可以从服务对象的身体状况、生活状态谈起；
- 告知服务对象，机构和个案管理员可以提供的服务有哪些；
- 与服务对象明确其期待获得的服务，如个案管理员当时无法确定，可直接告知服务对象需要确认后再回复，有助于进一步建立专业关系；
- 澄清服务对象对机构或个案管理员的错误期待，并告知求助对象其提出的要求无法满足时，可协助链接其他相关资源。

5. 与服务对象建立专业关系

专业关系的建立是个案管理员从与求助对象初次接触、倾听求助对象的需求到接受求助对象成为服务对象过程中非常重要的工作内容。专业关系的建立与维系并非仅限于接案阶段，而是贯穿于个案管理服务的整个过程。

个案管理服务过程中，个案管理员要与服务对象保持良好的沟通，帮助服务对象打开心扉，重拾与他人的信任关系，帮助服务对象面对处境，提升解决问题的信心。为达成这些目标，需要个案管理员获取服务对象的知情同意后，请服务对象签署《个案管理服务须知》后，在专业关系范围内提供服务。

在获取知情同意的过程中，要确保服务对象充分理解。当服务对象缺乏知情同意的能力时，个案管理员应根据法律或有关规定寻求适当第三方的知情同意，并以服务对象所能理解的程度告知，以保护服务对象的权益；还应采取必要的步骤增强服务对象的知情同意的能力。如果个案管理服务中包含通过网络、电话等方式提供服务，个案管理员还应在知情同意中包含告知服务对象通过网络、电话等方式提供服务存在的风险和局限性的内容。

在建立关系过程中，个案管理员可以使用支持性的会谈技巧，参见本手册第二章（三）技巧的内容。

（二）资料收集与评估

个案管理员需要收集足够多的个案背景资料，以作为准确分析和评估服务对象需求的依据。个案管理员应向服务对象说明资料收集的目的、资料会被如何使用、何人会接触到资料等问题。在了解与家庭暴力史等相关问题时，也需要和服务对象约定能让其感到安全的提问方式。当服务对象创伤回忆闪回，出现情绪应激反应行为时，第一时间暂停资料收集，以确保服务对象的情绪稳定。

1. 基本资料的收集

（1）服务对象基本信息

- 姓名、性别、年龄、民族、联系方式、家庭住址；

- 教育程度、工作状况、经济状况、身心状况、性倾向；
- 婚姻状况、子女生育情况、子女的年龄、性别、身心状态、就学或就业情况、子女是否是目睹家暴或遭受家暴；
- 服务对象的成长背景、家人关系、生活环境、人际关系等；
- 如受害人是儿童，需要收集其就学情况（学校、年级）和家庭情况等。

（2）加害人基本信息

- 姓名、年龄、性别、民族、联系方式、家庭住址；
- 受害人与加害人关系（亲密伴侣、前亲密伴侣、家庭成员、有权威角色的人、照顾人/监护人、同居者、其他）；
- 教育程度、工作状况、经济状况、身心状况、性倾向；
- 行为嗜好、有无犯罪记录、原生家庭与社会关系、成长经历（是否有目睹或遭受家暴）；
- 加害人对家庭暴力的态度。

（3）服务对象受暴史

- 发生的时间（第一次、最近一次和最严重的一次受暴情形）；
- 暴力起始原因和征兆；
- 受暴类型、严重程度和受伤情况；
- 暴力发生的日期与地点、持续时间、受暴频率和次数；

- 曾采取的应对措施与处理效果，特别是成功经验；
- 其他在场人士的态度和行动；
- 子女目睹家暴或遭受家暴的情况；
- 家暴对家庭成员造成的影响。

以上资料会记录和使用在《个案信息表》《家庭暴力受害人伤害评估记录表》和《亲密关系暴力危险性评估量表》中。

个案管理员需要注意，在询问服务对象有关暴力事件发生的原因时，应避免使用"他/她为什么打你？"或"你做了什么激怒和挑衅他/她的事？"这样的问句。这样的询问方式容易让服务对象将家暴问题归咎于自身。正确且适合的询问方式可以是："家暴事件是如何发生的？""当时发生了什么？"或"暴力发生前，你和对方分别说了什么话或做了什么动作？"等。

2. 家暴证据收集[①]

（1）证明发生过家庭暴力事实的证据

- 公安机关的出警记录、告诫书、伤情鉴定意见等；
- 村（居）民委员会、妇联、反家暴社会组织、双方用人单位等机构的求助接访记录、调解记录等；
- 病历资料、诊疗花费票据；
- 加害人实施家庭暴力的录音、录像；
- 身体伤痕和打砸现场照片、录像；
- 加害人的保证书、承诺书、悔过书；

---

① 参考全国妇联权益部2021年发布的《家庭暴力受害人证据收集指引》。

- 证人证言、未成年子女证言;
- 受害人的陈述。

(2) 证明受害人面临家庭暴力现实危险的证据

《中华人民共和国反家庭暴力法》第二十三条第一款规定,当事人因遭受家庭暴力或者面临家庭暴力的现实危险,向人民法院申请人身安全保护令的,人民法院应当受理。

如果加害人通过电话、短信、微信、QQ 聊天记录、电子邮件等威胁、恐吓的,受害人可以通过录音、截屏等方式备份保存此类证据。具备条件的,可以进行公证,或者通过公证处提取电子证据。

3. 危险评估

根据家庭暴力发生的特点,在暴力循环没有得到有效制止之前,受害人一直处于危险之中,因此进行危险评估是非常必要的。危险评估的内容包括受害人和相关人员的风险,个案管理员要具备较强的观察和判断能力。

个案管理员可使用《亲密关系暴力危险性评估量表(CIDA)》(参见附录 A 中的表 7),借助量表题目对受害人进行危险评估。在进行评估的过程中,工作者无须一一读出题目让受害人反馈。个案管理员可以根据评估量表中的相关因素来判断,也可就评估量表中罗列出的情景与受害人讨论可能会发生的危险行为,做好危险评估与安全计划。个案管理员同时也需要围绕以下几点结合评估量表结果综合考量:

- 受害人当前的人身安全是否危险或者是否仍处于危险环境下;
- 受害人当前的情绪及身体健康状况;

- 加害人对于暴力行为的认知及态度；
- 加害人对其他人的态度（子女、家属等）；
- 子女情况（情绪、就学等情况）；
- 加害人对相关法律法规的认知等。

个案管理员通过与受害人讨论，使用量表筛查出受害人所面临的危险级别：高危险、中危险、低危险，然后聚焦重点，有效利用资源，对不同危险程度设计和实施不同级别的介入干预方案。

4. 需求评估

为了更好地为服务对象提供个案管理服务，个案管理员一方面需要了解和厘清服务对象的需求，协助服务对象了解自身未觉察或隐性的需求；另一方面需要评估服务对象所提出需求的合理性，并回应服务对象不合理的期待。个案管理员还需要与服务对象对需求进行排序，让服务对象清楚了解哪些需求是紧急且重要的，以及哪些是立即可行的。在进行服务对象的需求评估时，可以使用并填写附录 A 中的表 8《家庭暴力受害人需求评估表》。

以下列举了服务对象的一般性需求。现实中，服务对象的需求包括但不限于以下类别：

- 人身安全需求：制止暴力、临时陪伴、庇护安置、医疗救助等；
- 身体健康需求：医疗救助、伤情鉴定等；
- 心理健康需求：创伤复原、心理辅导、心理治疗等；
- 法律维权需求：法律法规解读、司法程序陪同、人身安全保护令申请支持、法律援助等；
- 经济支持需求：食品与衣物、就业援助、救济申请等；

- 子女照顾需求：亲职教育、目睹儿童辅导、亲权争取、就学协调等。

5. 资源评估

针对服务对象的资源评估主要是对其社会支持网络进行评估，包括正式和非正式两类。正式的社会支持主要来自政府职能部门、社区、组织、单位和机构的政策和服务；非正式的社会支持来自服务对象的家庭成员、朋友、邻居和互助小组的支持等。个案管理员通过收集以下资料来了解服务对象内外资源的使用情况和分布状况。在服务过程中，可以优先考虑链接可及性高的资源。

（1）服务对象自身资源

个案管理员应该通过了解服务对象过往的处理暴力危机的经验，挖掘服务对象的个人潜能，帮助其明确目标并解决问题，引导其自我再评价，提升应对问题的能力，例如自我保护意识、积极乐观的性格特质、良好的人际关系和社会沟通技巧等。

（2）服务对象家庭系统

家庭系统资源评估主要包括了解服务对象家庭的基本情况、家庭成员的情况、角色和互动情况，了解家庭成员对暴力问题的态度和行动，情感支持网络以及家庭经济状况等。

个案管理员可以通过绘制家谱图来了解双方家庭和家族历史、家庭结构、婚姻状况、健在或死亡、家庭成员的地位和关系，由此明晰夫妻双方原生家庭的关系及互动模式，发现夫妻与原生家庭的内在联系，了解服务对象在其中的位置，参见图3-1。

家谱图的绘制原则如下：

- 辈分排序：长辈在上、晚辈在下；

- 夫妻关系：男左女右；
- 同辈中：年长在左，年幼在右；
- 可在每个图示里标注家庭成员的名字和年龄；
- 子女按出生顺序从左到右排列。

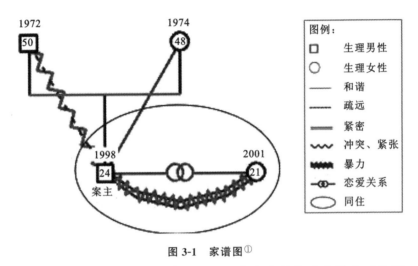

图 3-1　家谱图[①]

个案管理员在绘制家谱图的过程中应当始终遵守社会工作职业伦理，保持对服务对象及其家人的尊重态度。收集信息时应根据个案的目标，确保以服务对象为中心。需要关注代际间界限的清晰程度、跨代传承模式、代际间相似性或近似性、特殊的三角关系存在与否，以及家庭成员之间的亲疏关系、可能存在的冲突等问题。

---

① 根据社会工作实践表达习惯，本书图表均使用"案主"指代"服务对象"。

(3) 服务对象社会资源

社会资源主要包括服务对象对资源环境的主观认知、服务对象的社会网络环境、对外部可用资源（公安、妇联和社区等）的知晓程度、使用经验和其功能的发挥等。

个案管理员可通过绘制社会生态图，了解服务对象与家庭成员、家庭外部环境之间的互动交流状况以及家庭拥有的资源和面临的困难。社会生态图由不同的圆圈组成，中间的圆圈代表服务对象，其他圆圈代表与服务对象密切相关的个人和机构，用线段将各生态系统链接起来，圆圈间的距离表示关系的亲疏，箭头则表示关系的方向，参见图 3-2。

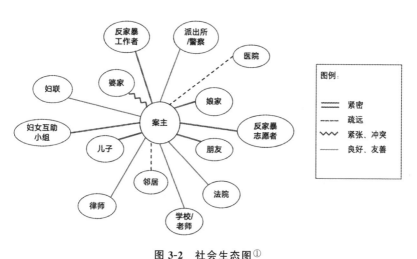

图 3-2　社会生态图[1]

---

[1] 本手册中家谱图与社会生态图使用 Geno pro 绘制。

(三)制定服务目标和服务计划

服务目标和服务计划的制定需要个案管理员与服务对象共同参与,可参考使用附录 A 中的表 5《个案信息表》。

1. 制定服务目标

在明确服务对象的需求并进行风险和资源评估后,个案管理员应与服务对象共同制定明确的服务目标。制定目标应遵循以下原则:简单清晰、目标一致、目标可行、共同商议。可以按照以下步骤进行:重新阐述问题、确定问题的关键点、协商确定问题的优先次序,从而明确服务对象期望的结果,确定可以实现的服务目标。

一般说来,服务目标可以包括以下类型:

- 服务对象及家人获得安全保障;
- 服务对象受暴风险降低;
- 服务对象情绪困扰和心理创伤得到纾缓;
- 协助服务对象打破暴力循环,改变权力控制关系,不再受暴;
- 服务对象资源使用能力提升,社会支持网运作良好;
- 服务对象获得就业机会或在经济上具有独立能力;
- 服务对象解决问题的能力和信心得以提高;
- 服务对象迈向创伤复原,重建无暴力生活。

如前所述的原则,制定的服务目标需要符合实际、切实可行。通常来说,根据服务对象的处境和需求,服务目标可以分别设定为短期目标和长期目标。个案管理员和服务对象通过协商，制定出既是服务对象所希望的目标，也是机构和个案管理员可以努力实现的目标。在后续工作中，个案管理员和服务对象可以一起对目标进行调整、修正或完善。

2. 制定服务计划

根据《亲密关系暴力危险性评估量表（CIDA）》的评估结果和共同商定的服务目标，个案管理员和服务对象共同制定相应的具体服务计划。和服务目标一样，服务计划也可以分为短期、中期和长期，具体内容应包括以下几点。

（1）服务时间

- 短期服务：每个服务周期为1—3个月；
- 中期服务：每个服务周期为3—6个月；
- 长期服务：每个服务周期为6个月以上。

（2）服务内容

针对家暴个案管理服务，通常包括面对面访谈、家庭探视、社区走访、与加害人会面、与服务对象及加害人共同谈话、电话跟进、协调多部门和资源链接等内容。

● 低危案件

采用危机介入和问题解决的模式，在确保服务对象安全的前提下，对事实清楚、情节轻微的家暴个案，根据其需求提供社区教育、家庭关系指导和调解等服务。向加害人及服务对象宣讲法律知识，通过家庭治疗缓解夫妻矛盾，使加害人认识错误，改善现有的婚姻家庭关系。

● 中危案件

个案管理员需要确保服务资源的使用成效,关注服务对象的危机意识和情绪处理,制定安全计划。根据服务对象的需求可提供法律咨询、心理咨询、协助报警及就医等服务。必要时亦可启动多部门合作联动机制共同讨论回应服务对象的现实需求。

● 高危案件

个案管理员聚焦于服务对象的复原,协助其脱离暴力伤害,逐步掌控并进入安全稳定的自主生活。对关系复杂、情节严重的家暴案件,个案管理员根据服务对象处境启动高危家庭暴力危机服务计划,开展走访调查、帮扶支持等综合服务,与妇联、公安、卫生、民政等部门沟通,协调派出所调取出警记录、进行伤情鉴定、出具家庭暴力告诫书或提供法律援助、联系紧急庇护、协助申请人身安全保护令、目睹儿童介入和加害人干预等。对于有就业支持需求的服务对象,可以通过链接相关资源提供支持。

(3) 个案管理员的安排

反家暴个案管理服务建议由两位个案管理员共同跟进,其中一位个案管理员主要负责,另外一位个案管理员协助记录。根据情况可邀请律师、心理咨询师、妇联干部及社区干部等参与。

(4) 服务计划确认

服务对象应该参与到服务计划的制定过程,个案管理员需要与服务对象沟通,商讨服务计划,使服务对象可预期后续的服务安排,提升安全感和权利感,巩固专业关系。在确定服务计划后,个案管理员需要形成书面记录和计划书,并请服务对象签字确认。

在与服务对象沟通的过程中，个案管理员务必清晰明确地说明相关工作内容，获取服务对象的理解与配合，避免服务对象对机构服务存在过高的期待与要求。对于转介的个案，个案管理员可在服务计划制定后，与转介部门进行沟通反馈。

■ （四）服务介入与实施

服务计划需要工作者通过自己对服务对象的直接服务、协调多部门整合介入和进行资源链接去执行和落实，并在服务过程中践行"以受害人为中心"的基本原则，及时获取服务对象反馈，根据反馈进行服务计划调整。同时需要注意，在整个案件服务过程中，无论何时都需要关注受害人的处境，在必要时提供紧急处置，包括制止暴力、强制报告、医疗救治、紧急庇护、心理危机干预，保障受害人的人身安全。

下面将就其中几个重要的服务内容做服务介入和实施的讲解。

1. 安全计划

制定安全计划是指通过询问、调查、研究、讨论和反馈等多种途径和方法对服务对象的安全进行评定，并制定合理有效的安全计划。制定安全计划是个案管理员非常重要的直接服务，能够让服务对象对目前所处环境的危险情况有所了解，强化自我保护意识，提升自我保护能力，能够在再次遭受暴力危害之前及时采取有效措施进行干预和制止。个案管理员在开展服务时，要把制定和实施安全计划视为保障服务对象安全的优先服务。

个案管理员需要了解促使服务对象选择离开和不离开的各种因素，并协助服务对象认识和分析不同选择的利弊、障碍及应对风险的能力和资源，可与服务对象一起填写以下表格，有助于服务对象进行决定，服务者应该支持其选择并根据风险、能力和资源共同制定合适的安全计划，见表3-2。

表 3-2 制定安全计划分析表

离开受暴环境		留在受暴环境	
有利	风险	有利	风险
应对风险的资源和能力		应对风险的资源和能力	
1. 2. 3.		1. 2. 3.	

安全计划不只考虑服务对象的安全，也可能包括其子女及共同生活的家人的安全。在情况允许的情况下，服务对象的子女、共同生活的家人可以一起参与制定安全计划。在实务工作中，服务对象在离开关系后，仍可能决定再次返回关系中，离开关系未必是服务对象的首选。不离开的选择，可能是因为服务对象考虑其他因素或者离开会带来更大的风险和困难。因此，个案管理员不仅需要尊重和支持服务对象的选择，更需要协助服务对象制定适合任何情况的安全计划，并时常与服务对象更新和演练安全计划。

(1) 留在关系中的安全计划

若服务对象仍需与加害人同住,个案管理员应协助服务对象从以下角度考虑,制定安全计划。

第一,识别加害人施暴前征兆,包括:

- 加害人施暴前处于怎样的情绪状态?
- 加害人施暴前的具体行为有哪些,会说哪些话?
- 暴力将发生时,服务对象的感觉及身体反应等。
- 服务对象做出哪些行为会使加害人发现服务对象是有防备的?

第二,当觉察危险时,服务对象如何相对安全地逃走?

- 服务对象要做好随时离开现场的准备。服务对象可以事先准备一个安全包,将身份证、银行卡或少量现金、带有紧急求助号码的卡片、必备药物、换洗衣物及洗漱用品等生活必需品放入其中,便于突发危机时使用。可将安全包藏在安全的地方,或放在邻居、亲友家里。
- 服务对象需要随身携带手机,设置一个紧急联系人,危机发生时,可以快速拨号,请其代为报警。
- 服务对象应教会子女或共同生活的家人如何报警、到何处和向谁求救以及报警和求救时的话术。
- 提前规划最快逃走路线,选定最便捷的交通工具和最近的安全地方,包括保安室、小区物业、村(居)委会、楼下商铺、24小时便利店或治安亭等。
- 离开后尽量避免接触自己与加害人的共同朋友,不向其透露自己的行踪。

第三，如果危险真的发生，服务对象可以通过以下方式保护自己。

- 当遭受家庭暴力或有暴力危险时，应当立刻报警，请求保护。
- 在遭受家庭暴力时，注意保护头部等重要部位，并及时就医或进行伤情鉴定。
- 在遭受家庭暴力时，尽可能大声呼救，请求他人帮助；若身边无他人时，尽可能避免冲突，避免激怒施暴者。

第四，服务对象可以进行如下分析，采取行动尝试降低加害人的愤怒，尽量避免暴力。

- 当时的情境如何，服务对象的行动是什么？加害人的反应如何？
- 服务对象可以通过说什么话或做什么事情回应而避免冲突爆发？
- 评估上述行为是否为合适的方法？

第五，当服务对象在短暂离开后，需要返家时，需要注意以下几点。

- 如果只是暂时性返家，当加害人在家时，可请警察陪同；加害人不在家的时候，请他人、亲友陪同返家。
- 如果服务对象返家生活，则需要及时清除手机中可能泄露求助情况的通话记录、信息记录并修改联系人备注；请辖区民警、妇联干部、社区人员、个案管理员和亲友不定期上门探访，确保服务对象安全。

(2) 离开关系的安全计划

当服务对象下定决心离开关系时，个案管理员需要支持服务对象制定完善的安全计划，确保安全，避免再次陷入危机。需要考虑的方面包括：

- 考虑将遭受暴力一事告诉重要他人，如亲友、同事、子女学校和用人单位等，可避免这些重要他人向加害人透露服务对象或子女的行踪；加害人到工作场所骚扰或跟踪服务对象时，请用人单位协助报警；
- 更换手机号码，选择新住处时应尽量远离加害人的居住区、工作区和活动区域，新住处和手机号码必须小心保密，避免泄露行踪；
- 尽量改变生活习惯，如避开过往常去的地方、改变加害人熟悉的规律性行程安排、规划上下班和回家的不同安全路线，路线选择应考虑监控设施、人流和紧急求助资源等；
- 服务对象独自居住需更换门锁，确认居住环境的安全设备，加装监控设备、防盗门、防盗网等；可确认身份的物品不要放在家门口，如车辆、鞋子和装饰品等；
- 若需联系加害人，应尽量避免使用新手机号码，或利用软件隐藏手机号码，防止手机被追踪。

(3) 未成年子女安全计划

个案管理员协助服务对象制定安全计划时，也需要考虑其未成年子女的安全，可以考虑以下方面：

- 协调子女学校的老师一同工作，避免加害人接走孩子，或当加害人试图强行带走孩子时通知服务对象并报警；

• 询问子女与加害人见面的意愿，理解子女可能出现的情绪反应。若子女拒绝见面，可尝试申请人身安全保护令或采取其他法律措施；若子女同意见面，预先为子女进行心理建设，安排加害人探视子女的地点应远离新住处，最好是靠近派出所、个案管理员所属机构和村（居）委会等人流较多的公众地方，离开时提防被加害人跟踪；

• 减少目睹家暴对子女的负面影响；

• 知晓加害人可能用不支付抚养费、不支付赔偿等方式威胁服务对象返家或威胁服务对象放弃子女抚养权、利用孩子打听和获取服务对象行踪和新住处等，服务对象应不予理会，必要时寻求法律途径，如自身或者子女遭遇伤害或者危险情况，可以采取及时报警的方式应对。

（4）情绪安全计划

情绪安全与人身安全同样重要，对于处于不安全关系和暴力创伤情境中的受害人而言，情绪安全计划可以帮助其恢复、提升身心安全感和自我内在掌控感，从而拥有更好的身心状态去思考和应对暴力危机。工作者可以通过考虑以下方面与服务对象讨论制定个别化的、具体化的情绪安全计划：

• 日常身心资源储备：着重鼓励服务对象建立恒常的、规律的生活安排，如每天运动30分钟、每天均衡饮食、每周书写情绪日记或画画、每天向自己说5句自我鼓励的话等；

• 应激反应自我安抚：建议服务对象觉察自己在哪些因素下会出现创伤应激反应，识别尝试过有效的、简单的自我安抚方法，如气球呼吸法、蝴蝶拍、抚摸玩偶等；

• 寻求帮助协同调节：除了自我安抚以外，也可以引导服务对象发掘和发展非正式及正式支持系统中的资源，如请家人、朋友、心理咨询师等提供安全的情绪纾解空间；

• 物理情绪安全空间：营造安全、舒适的物理空间也可以帮助服务对象稳定情况，如在家中建立一个可以让自己五感和身体放松的"安全角"或随身携带一个安抚物件等。

2. 陪伴与心理支持

在求助的过程中，服务对象或多或少会遇到挫折。这些挫折会打击服务对象的自信心，导致服务对象丧失求助的积极性和动力。这时个案管理员需要陪伴服务对象，给予鼓励和求助过程中的指导。

心理支持是在帮助服务对象改善现状、消解困扰的同时，鼓励服务对象，引导他们重拾自信，构建完善健康的自我，恢复并提高社会适应能力。当服务对象首次来求助时，个案管理员可以对服务对象主动寻求帮助的行为给予肯定；个案管理员在与服务对象交流的过程中，应当对服务对象的语言进行重述或者及时给予适当的反馈，帮助服务对象跳出思维定式，消除情绪化的问题视角，积极引导服务对象采用合理的视角，理性地看待和分析问题。

3. 报警指导

遇到正在发生的家庭暴力或者服务对象前来求助时尚未及时报警的，个案管理员可协助或指导受害人立即报警，防止暴力升级，进行证据保存，并协助受害人与警察沟通，出具家庭暴力告诫书。

警察有执法权，对待家暴案件应表明清晰的立场，应知晓家庭纠纷和家庭暴力的区别，按照规定的程序进行现场处理、检验伤情，根据需要可开具伤情鉴定委托函、现场急救、拨打"120"或护送受害人前往医疗机构，进行现场的询问和勘查，固定证据并形成笔录。对警察未按照要求出具家庭暴力告诫书的情况，个案管理员需要对接其上级部门，积极协调派出所下发家庭暴力告诫书，对加害人进行告诫警示，禁止加害人对受害人再次实施家庭暴力。

为了让报警求助更有效，在执法过程中，个案管理员可提醒警方或指导服务对象提醒警方必须使用执法记录仪，在相关记录中写明家庭暴力而非家庭纠纷，进行现场勘查和证据收集，做询问笔录和勘查笔录，注明加害人做出的危险行为及有关家庭暴力处理的法律依据。

4. 协助就医

服务对象在求助时可能遭受了不同程度的身心创伤，个案管理员应及时告知服务对象进行就医或陪同服务对象前往医院进行救治。个案管理员须了解就医、伤情鉴定等的相关流程、涉及相关部门的具体名称、地址、联系方式等信息。个案管理员应支持服务对象了解当地伤情鉴定流程，按照流程获取伤情鉴定。例如，在有的地区，申请开具伤情鉴定委托函需要先向公安机关进行报案，留下病案记录。

医务工作者了解一定的社会性别和家庭暴力知识，对于为服务对象提供高质量的医疗服务至关重要，因此社会组织可以开展针对医务工作者的家庭暴力相关知识培训。

5. 法律咨询及援助

家庭暴力是违法行为，根据服务对象的需求和计划，个案管理员可为服务对象链接法律咨询或援助。个案管理员可以联系律师为服务对象提供相关的法律咨询，包括报警咨询与协助、家庭暴力告诫书的申请及人身安全保护令的申请。个案管理员可与妇联或司法部门法援中心合作，支持服务对象申请法律援助，指派法律援助律师帮助或指导服务对象进行法律维权。

工作者也需要注意提示与服务对象在接受法律咨询及援助时有可能导致二次创伤情景（如接受笔录、收集证据、诉讼出庭等）的情绪安全计划。情绪安全计划包括，在司法程序开始前和结束后协助服务对象做哪些身心资源准备工作和恢复工作，当出现应激反应时服务对象可以做哪些自我安抚方法，以及在场的不同专业工作者和工作人员可以运用哪些技巧协同服务对象稳定情绪。

6. 紧急庇护

针对遭受家暴情节比较严重、经评估后危险程度较高或申请家庭暴力告诫书或人身安全保护令的受害人，个案管理员需要确认受害人是否有安全住宿场所。如果受害人继续留在原来的居住场所，会有继续遭受家暴的风险，个案管理员需要与受害人共同评估，选择合适的安全住宿场所，必要时链接紧急庇护服务。在选择安全住宿场所时，可以参考以下顺序：

• 服务对象是否有亲朋好友的居所可供暂时躲避，建议服务对象进行转移；

• 如果没有亲朋好友的资源可以链接，则需要链接当地民政部门，协助服务对象暂时居住在庇护所。

服务对象有可能出于担忧不愿住进庇护所，工作者应当保持耐心，注重沟通，站在服务对象的角度了解其不愿入住的原因，提出有效的解决办法，协助服务对象认识到入住安全居所的重要性。

7. 经济或就业支持

经济与就业支持不单具有生活援助作用，更具有促进赋权增能和心理支持的意义。大部分服务对象在受暴环境下长期处于被压制的状态，没有经济独立的条件。有时，连与亲人和朋友联系都会遭受到加害人的阻断，难以获得其他人的支持。服务对象逃离受暴环境之后，需要得到相应支持确保其正常的生活，在工作和社交场景中恢复和提升自我价值感和权能感。个案管理员可以根据服务对象的需要链接经济或就业支持，包括协助服务对象通过反家暴机构或相关基金发起经济支援的申请，作为生活的补助；个案管理员可以与妇联、人社等部门对接就业培训机会，为服务对象重建生活提供有力支持。

8. 心理辅导/心理咨询

遭受家暴的服务对象很容易因为家暴出现多种心理状况，除了个案管理员的陪伴和心理支持，可根据服务对象情况链接资源，与心理服务专业机构合作，为服务对象开展整合的心理辅导服务，减轻家暴带来的精神伤害，通过心理咨询帮助其建立正确的自我认知，赋予能力，摆脱家暴带来的自卑和无助，也可以给予情感上的支持，缓解其受暴后悲伤和绝望的情绪。

9. 家庭关系指导和调解

在家庭暴力干预中，个案管理员或有关部门介入后，须首先注意遵守慎用调解原则。如本手册第一章的基本原则部分强调，调解通常用于相对平等的关系中的矛盾冲突处理。一般低危案件或暴力伤害不大，经过相关教育工作，加害人停止施暴并向受害人认错，有改变的决心和继续维持婚姻的意愿，在受害人愿意的前提下，可转入调解。即使转入调解，工作者或有关部门也需要考虑到受害人会因为在暴力关系中大多处于被动、被加害人哄骗、考虑感情和家庭关系等因素而接受调解。调解时个案管理员应重点关注受害人的期待和需求。在调解过程中或结束后发现存在危险，需要及时告知受害人并进行家庭暴力干预。

10. 目睹儿童辅导

受害人的未成年子女如果目睹了家暴的过程，其身体、情绪、学习等方面会受到一定的影响。儿童会觉得父母一方被暴力对待是因为自己的原因，产生负罪感。儿童长期处于恐惧、没有安全感的生活里，会造成他们在语言发展、行为模式上产生障碍，甚至习得暴力模式。

个案管理员可整合多部门资源，在三个层面进行干预，支持目睹儿童。首先，可以链接具有儿童服务经验的专业心理咨询师为其提供心理咨询和正向引导，减少家庭暴力带来的创伤。其次，可以针对儿童成长和所处的家庭进行干预，对目睹儿童的家庭进行工作介入，告知家庭暴力的不良影响以及监护人的法律责任。最后，可与教育部门、学校老师进行沟通对接，关注儿童在校的情况，给予儿童适当支持，并强调保密原则。

11. 加害人干预

反家暴个案的干预，除了对受害人进行支持，还需要关注加害人。加害人是极其重要的角色，是家庭暴力发生的源头。仅为受害人赋权增能、助其摆脱困境，难以从根本上改变权力结构、终止家暴行为。加害人干预需要改变加害人对家庭暴力的观念，使其停止暴力并学习新的家庭沟通行为。

法律手段是加害人干预的方法之一,其中包括向法院申请人身安全保护令,向公安机关申请家庭暴力告诫书,请求对其处以拘留等强制措施,使加害人暂时不敢使用暴力。除此之外,个案管理员也可通过危险评估了解加害人的态度,在确保自己安全的前提下开展加害人服务,帮助其修正认知,打破使用暴力解决问题的行为模式,从不敢施暴到不愿施暴。

(五)结案与评估

个案管理员在处理服务结束时需要谨慎,工作者为服务对象提供一段时间的服务,个案出现以下情形之一时可以进入结案阶段:

- 暴力停止或服务目标已达成;
- 服务对象失联或不愿意继续接受服务;
- 服务对象的需求超出了个案管理员及其所属机构的服务范围,经服务对象同意可转介至其他服务机构。

个案管理员需要引导服务对象肯定自己的努力,帮助其总结获得的进步、认识到自身的改善和解决问题能力的提升,增强其继续改善处境和应对未来挑战的信心和勇气。个案管理员需要与服务对象协商结束服务的日期,提醒服务对象服务即将停止,并在结束期间提供情绪支持和处理服务档案。

个案管理员在结案时需对个案进行新一轮评估,该阶段的评估是总结评估,回顾整个服务过程和服务目标的达成情况来检查是否达成预期目标或者结果。个案管理员可以获取服务对象的反馈及意见,使用附录 A 中的表 11《个案管理服务效果评估表》及附录 A 中的表 10《结案登记表》执行相关程序来进行处理。

结案后,个案管理员需要定期或不定期回访服务对象,了解其生活状况,评估是否需要重新开案或转介至其他机构接受服务，以巩固正面变化并支持服务对象重建生活，防止家暴风险再次升级。

（六）个案管理服务流程图

个案管理服务流程图，如图 3-3 所示。

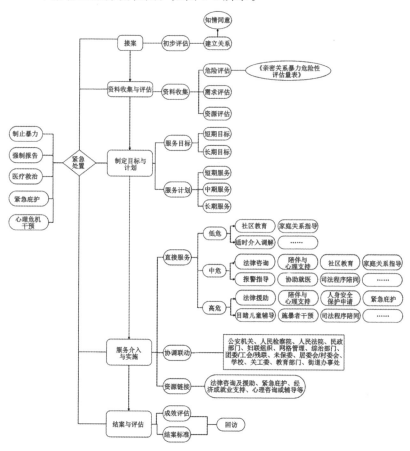

图 3-3　个案管理服务流程图

第四章 ｜ 特殊需求受害人的服务

有特殊需求的受害人指遭受家庭暴力的未成年人、残障人士及老年人等群体。社会文化中的陈旧观念、刻板印象造成的排斥甚至歧视，限制了有特殊需求群体的社会参与及自身发展。这些群体遭遇家暴时，经常选择隐忍、沉默，处于孤立无援的境地。因此，加害人的暴力行为往往得不到及时惩治，暴力伤害也会循环往复甚至升级。

关注身处于交叉歧视和多重困境中的特殊需求群体，需要反家暴工作者对这些群体的特殊需求保持敏感度，设计能够满足他们需求的反家暴个案管理服务计划，同时在服务方式和服务内容上适时进行调整。

■ （一）未成年受害人的服务

无论是自身遭受家暴，还是身处家暴环境中，成为目睹儿童，家庭暴力对儿童的负面影响是无法估量的。家暴对儿童造成身体伤害和心理影响，导致儿童产生行为、心理和学业问题，甚至会影响其整个人生，还可能造成暴力的代际传承。

在服务未成年受害人时，个案工作者除需坚守本手册第一章的基本原则、掌握第二章的直接服务能力和遵循第三章的个案管理流程外，还需要考虑以下未成年受害人的特殊需求。

1. 强制报告

儿童，尤其是低龄儿童，自我保护能力较弱，儿童遭受家庭暴力有赖于邻居、老师、亲友或医生的敏锐觉察和主动询问。老师、医生等在工作中发现儿童遭受或者疑似遭受家庭暴力的，需要履行强制报告义务，应当及时向公安机关报案。

2. 及时救助

多部门对未成年受害人遭受家暴的个案应该以"儿童利益最大化"为出发点提供及时救助。工作者在干预家暴个案时，应关注生活在家暴环境中未成年孩子的生活环境和心理状况，依法提供特别的保护，协调多方资源给予安置、关护和支持。

3. 司法程序陪同

个案管理员应协助未成年受害人向公安机关报案，促使司法机关介入处理。在向儿童了解情况时，社会组织可在司法机关的要求下指派合适的成年人陪同参与司法程序，运用聊天等较为友好的沟通方式，降低儿童的戒备和缓解其紧张情绪。

4. 临时庇护和妥善安置

儿童遭受家庭暴力后可能处于无人照料或者面临无人照料的威胁等危险状态。在做好隐私保护的前提下，个案管理员可与民政部门协调，将儿童安置到对儿童友好的临时庇护场所或救助福利机构。

儿童遭受家庭暴力后可能会有严重的身体伤害或心理创伤，个案管理员还应根据受害儿童的身心状况和客观需求整合专业力量进行安全评估和需求评估，积极协调各部门提供综合性救助服务。

■ （二）残障受害人的服务[①]

残障受害人的加害人大多数是监护人或共同居住的照顾人。相较其他受害人，残障受害人有多重的需求，个案管理员需要根据其特质、身心障碍情况及生活处境予以支持，同时需要多部门的联动和配合，才能实现真正的支持和救助。除与家庭暴力直接相关的信息外，个案管理员还应关注残障受害人的行动能力、社交能力、情绪能力和认知能力状况。针对残障受害人的状况，可以从以下不同障别考虑回应其特殊需求。

1. 心智障碍受害人

心智障碍者包括智力障碍、孤独症及精神障碍在内的心智功能损伤者。心智残障者在学习、处理日常生活及对周围事物的了解和对环境的适应能力方面比同龄人反应显著缓慢，并影响其个体活动、日常生活及社会参与。

由于在社会交往、交流等方面存在的障碍，心智障碍受害人无法有效自保和求助，甚至在第三方介入时无法有效表达，从而错过受助机会。在现实生活中，精神障碍者在有可能遭受家庭暴力成为受害者的同时，也有可能是家庭暴力的施暴人，比如有些精神障碍者故意不服药，发生殴打照顾者的情况。

---

① ADI发展研究所：《障碍者服务组织反家暴工作手册》，2020年。

个案管理员可以通过以下方式为心智障碍受害人提供支持：

- 帮助心智障碍者寻求警方帮助；
- 当警察到场时，协助心智障碍者说明家暴经过或已知情况；
- 提供让心智障碍者感觉安全的环境；
- 协助警方与心智障碍者进行沟通，获取证词；
- 协助司法部门对心智障碍者进行伤情勘验；
- 协助卫生部门对心智障碍者进行治疗；
- 协助心理咨询机构为心智障碍者提供心理咨询和辅导；
- 为心智障碍受害人制定安全计划，并提供情感支持等服务。

在为心智障碍受害人提供个案管理服务时，尤其是在评估阶段，当个案管理员观察或者了解到以下一种或多种情形时，需进一步了解信息，避免因为与心智障碍受害人沟通存在的障碍而忽视家庭暴力的存在，导致不能及时介入干预、制止暴力。

- 照顾者不让心智障碍者接受康复训练；
- 照顾者拒绝任何资源介入；
- 照顾者对心智障碍者存在语言暴力；
- 心智障碍者行为突然发生改变、功能退行；
- 心智障碍者发生走失事件；
- 心智障碍者目睹家庭暴力；
- 照顾者忽略心智障碍者的个人喜好；
- 照顾者忽略或无视心智障碍者的性需要。

个案管理员除了通过与心智障碍者直接沟通获取信息外，还可以通过询问照顾者或者观察心智障碍者自身及家庭状况获取信息。询问心智障碍者可以简短地提问，例如"周末，一般和家人做什么"；询问照顾者时可以询问"当××不听话的时候，你怎么办"。个案管理员还可以通过观察心智障碍者的表面伤痕、身体状况、服装、个人卫生及居住环境等获取信息和线索。

2. 肢体障碍受害人

肢体障碍者包括但不限于不能独立出行的视力障碍者与肢体障碍者等。由于活动和社会参与受限，肢体障碍者在获取反家暴资源、脱离家暴环境等方面存在障碍，进而影响其摆脱暴力和进行自身权益的保护。

个案管理员可以通过以下方式为肢体障碍受害人提供支持：

- 根据需求上门提供服务，并提供包括社区机构在内的反家暴机构、多部门资源及联系方式，提供信息时使用适应视力障碍者需求的媒介；
- 必要时帮助肢体障碍受害人向警方寻求帮助，并协助警方帮助受害人离开、安顿；
- 在救助、治疗、司法程序等过程中，为行动不便的障碍者提供无障碍出行及陪伴服务。

在为肢体障碍受害人提供个案管理服务时，尤其是在评估阶段，当个案管理员观察或者了解到以下一种或多种情形时，需进一步了解信息。

- 肢体残障者被限制使用辅具、无障碍设施；

- 肢体障碍者被限制网络、手机的使用；
- 照顾者存在语言暴力；
- 照顾者存在精神暴力，例如不耐烦等；
- 肢体障碍者有加深退行的情况出现；
- 肢体障碍者感染褥疮；
- 忽略肢体障碍者的性需求。

在与肢体残障受害人沟通的时候，个案管理员可以通过基于日常生活的提问，了解更多信息，例如"你的轮椅/拐杖经常用不到吗？"

3. 听力障碍受害人

听力障碍者是指沟通与表达存在严重困难的障碍者，包括但不限于不会使用官方手语、也不识字的听力障碍者。沟通与表达存在严重困难，会影响障碍者的反家暴资源获取能力及求助能力的发挥。

个案管理员可以通过以下特殊方式为听力障碍受害人提供支持：

- 告知障碍者110短信报警平台的使用方法，还可以告知能够使用通信设备的障碍者各地警方的微信、微博及App等报警方式；
- 必要时直接帮助障碍者向警方寻求帮助，协助警方进行询问、取证，帮助障碍者离开、安顿；
- 在进行救助、治疗、司法程序等过程中，为沟通与表达存在严重困难的障碍者提供陪伴、无障碍翻译沟通服务。

(三) 老年受害人的服务

因年老体弱且受到传统思想、教育程度、对家庭暴力的看法、子女照顾赡养、身心状况及社会支持等的影响，或因加害人就是照顾者，老年人遭遇家暴后很少主动求助，常会选择沉默或委曲求全。

个案管理员可以通过以下特殊方式为老年受害人提供支持：

- 对老年受害人的身心状况及处境进行评估，了解受害人是否有抑郁、脑萎缩、阿尔茨海默病、精神障碍等疾病；
- 鼓励老年受害人逃离受暴环境，搬到其他子女或亲友家居住并及时就医；
- 尊重老年受害人的想法和态度，采取合适的方式为其链接各种资源，帮助老年受害人解决生理、心理及生活等问题；
- 支持老年受害人恢复社会功能和强化社会支持网络。

(四) 男性受害人的服务

虽然家庭暴力受害人大部分都是女性，但男性也可能遭受家暴，因此也会有男性受害人求助。因社会文化与性别规制对男性阳刚气质有其固定的标准，遭受家暴的男性受害人的求助往往面临更多的困难如自身的羞耻感、害怕被歧视等等，其需求也往往被相关服务系统忽略而无法提供及时的回应。

有性别敏感度的个案管理员在服务时应避免性别刻板印象，应关注男性受害人在社会文化中的性别处境与现实需求，及时提供支持与服务。

第五章 | 个案档案与个案数据研判

（一）个案管理制度

1. 个案管理

如本手册第二章直接服务能力中提到，个案管理是反家暴服务常用的工作方法，是当服务对象面临多重问题、需求多元化和资源分散等情况时，工作者所开展的跨专业、跨部门、跨机构甚至跨地域的整合性服务。反家暴个案管理的内容可能包括直接服务、协调联动和资源链接三类。

2. 个案管理员

个案管理员需要具备专业社会工作者的资格，应该接受过专门的个案管理技能训练，同时具备微观与宏观的社会工作实务技能。个案管理员除了要具备与服务对象建立关系、预估服务对象问题及需求、制定服务目标和服务计划、获取资源、评估服务成效等一系列服务过程中的技术外，还需要具备整合与管理资源的能力，将"以受害人为中心"的服务理念做到实处。

3. 个案档案及个案数据

个案档案的及时更新和管理是服务机构和个案管理员的共同责任，应一案一归档，需遵循资料的完整性、清晰性、独特性、真实性和保密性等原则。

个案档案所包含的表单可参考：附录 A 中的《反家暴个案管理档案样本》。个案档案中包含的各种信息，统称为个案数据。

个案档案应该由个案管理员更新和管理，机构的管理层或督导定期审核。个案档案一般包括个案基本信息、个案工作记录及其他相关信息。

个案基本信息至少应该包含以下信息[①]：

• 个案编号（唯一不重复）、报告个案的日期、案件来源、接案人、服务机构；

• 对受害人遭受暴力的危险评估资料，具体参见本手册附录 A 中表 7《亲密关系暴力危险性评估量表（CIDA-S）简表》及《亲密关系暴力危险性评估量表（CIDA）15＋2 量表》；

• 受害人的基本信息（具体可参考本手册第三章第二节"资料收集与评估"部分）；

• 受害人与加害人关系（亲密伴侣、前亲密伴侣、家庭成员、有权威角色的人、照顾人或监护人、同居者、其他）；

• 加害人的基本信息（具体可参考本手册第三章第二节"资料收集与评估"部分）；

---

① 联合国妇女署：关于收集和使用暴力侵害妇女数据的证据综述，2020 年。联合国妇女署和世界卫生组织：关于优化暴力侵害妇女行为的统计数据的整理和使用，2022 年。

- 受暴类型、暴力发生场景（学习、家庭、工作、公众、是否涉及网络）。

个案工作记录的记录者主要是个案管理员。在会谈中，个案管理员应该全神贯注地与服务对象交谈，保持倾听，个案工作记录主要是在会谈之后书写。在书写过程中，个案管理员需要正确使用专业术语，详细地记录个案管理服务过程。通过记录与服务对象的谈话、身体语言、环境因素及个案管理员从专业知识的角度即时地感受和反思，记录以下信息：

- 应对情况，包括服务是否提供？是否适用？如果是或否，为什么？
- 服务转介情况（是/否/不适用/受害人拒绝/转介了什么服务）。

4. 个案数据研判

定期分析反家暴个案管理服务的情况，对个案档案中的个案数据进行研判分析，对服务过和处置过的家暴个案做整体性的统计和分析报告，应该是提供反家暴服务的多部门的常规性工作，反家暴服务机构也不例外。数据研判可以达到以下目的：

- 通过分析服务需求和服务使用情况，识别服务漏洞；
- 对服务过程及状况做出分析，进而改善服务质量；
- 促进加害人得到应有的处置；
- 促进以受害人为中心的多部门协调个案管理服务；
- 掌握受害人应对方法、成本和资源分布的状况；
- 促进宣传倡导、为政策改善提供建议。

多部门的个案数据的收集应该标准化，便于共享、部门间协调及分析对比,不同部门收集的个案数据可能是不同的,但收集同一个数据的时候,数据的产生、定义和对数据的理解应该是相同的。

社会组织在开展反家暴个案管理服务中基于个案档案中的信息进行研判分析,有助于提高个案管理服务的效果与服务专业度,强化部门协助。现阶段,社会组织反家暴个案管理服务中的个案数据研判,可以分为以下几个层面。

(1) 个体层面

通过对服务对象或加害人的基本信息与个案来源、暴力类型、暴力发生场景、服务对象与加害人关系等的对比分析,有助于了解哪些群体更容易遭受暴力、何种渠道更易识别暴力和更有利于受害人求助、哪些是暴力易发的场景等。相关的分析有利于受害人了解求助渠道和方法,更可以促进工作者的个案管理服务能力提升,例如对不同暴力形式的识别、干预,对高风险群体的紧急救助,也可以促进对公众的宣传教育和倡导。

(2) 社会支持层面

通过分析受害人向非正式系统和正式系统寻求支持的偏好、频率、求助内容和求助效果,寻找合适的策略和方法,推动非正式和正式社会支持系统功能的强化。

举例来说,很多受害人在正式求助之前,首先求助的是亲属、朋友、邻居,他们往往是家庭暴力发生后最先介入其中的调解者,是受害人最好的倾诉者和最积极的信息搜集者。由于受到经济、知识和技能等因素的制约,非正式的系统有时不能给受暴妇女提供有效和稳定的支持,反而给受害人带来更多的伤害。行之有效的提升非正式系统的支持能力的方法包括:进行公众意识提升、非暴力的社区环境建设的倡导活动、传递暴力零容忍、不苛责受害人、不追求完美受害人等理念，同时广泛传播可以寻求支持的正式系统的相关信息和求助渠道。

《中华人民共和国反家庭暴力法》实施后，民众维权意识普遍增强，很多受害人遭受暴力后第一时间选择向公安机关报案或向妇联求助。一些正式支持系统在具体操作时，还存在提升空间，例如司法系统中的警察扮演着调停者的角色，大部分警察的思考和办事的方式常以解决"纠纷问题"为导向，以消除矛盾为目的，有时可能会忽视对受害人现实处境的危险评估以及情感的安慰和支持。

(3) 支持资源层面

通过对服务对象各类资源的使用偏好、使用频率和使用效果进行分析，可以获得当下反家暴支持资源的现状及需要改善的启示。

举例来说，一些地区配备的庇护资源，因为场地设置较为偏远，入住门槛过高，或设在救助站但无专业人员管理等，因此，虽有庇护设置但入住率较低。在反家暴个案管理服务中，庇护所是有效保障受害人人身安全的措施，如何改善庇护所的设置及专业服务，使之成为受害人能获得及时安置保护的场所，需要进一步讨论。

第六章 | 典型案例分析

本章将通过分享五个不同类型的家暴个案的个案管理干预过程，将前五章的内容加以综合运用，为工作者提供更多指导。

本章案例内容详尽、丰富，不建议仓促读完。在阅读之前，请您先做好身心准备，根据"问题思考"部分先思考、消化本手册前文内容，再阅读个案；在阅读过程中，也请留意自身的身心状态，若感到不适，可通过腹式呼吸法等方法调节情绪，之后再继续阅读；阅读完一个案例后，最好再次思考、消化和反思自己的工作经验，然后阅读下一个案例。

■ （一）女性受暴高危险个案[①]

1. 问题思考

在阅读案例前，可以思考和回答以下问题，这将有助于工作者回顾本手册第一章和第二章的内容。

---

① 本章个案由真实个案改编而成，为保护服务对象隐私，对关键信息（如姓名、年龄、部分暴力情节等）进行了处理。

- 什么是家庭暴力？家庭暴力包括哪些暴力类型、具体形式、特点及循环模式？
- 您对于家庭暴力的价值取向、立场和态度是什么？
- 家暴对受害人及目睹儿童的影响有哪些？受害人有哪些服务需求？
- 什么是个案管理？反家暴个案管理的目的是什么？
- 反家暴个案多部门联动和合作的法律依据是什么？具体有哪些工作要求及流程？
- 如何进行受害人服务？在服务过程中，需要考虑哪些工作原则、服务流程及辅导技巧？

在阅读案例时，可以同时思考和回答以下问题，这将有助于工作者理解案例，关注个案管理服务中特别需要注意的内容：

- 案例中的工作者（以下相同）怎样鼓励服务对象披露受暴史和评估服务对象的危险程度？
- 工作者怎样保障服务对象及其子女的安全？
- 服务对象在情绪、认知及行为上经历了哪些阶段的转变？工作者是如何辅导服务对象的？
- 工作者怎样支持服务对象自决，妥善处理婚姻及子女问题？
- 在多部门（机构）联动中，工作者的主要工作内容是什么？

试着从角色、策略与技巧的有效性等维度评估工作者的服务表现，列出需要改善的具体地方和对你有启发的地方。

2. 个案来源

受害人李芳（化名）不堪忍受丈夫刘杰（化名）的严重暴力虐

待,在一次家暴后的第二天拨打当地妇联热线求助,该热线由妇联以购买社会服务形式委托第三方专业机构提供服务。热线工作者接听热线,初步了解案情及服务对象诉求后,判断符合服务范围,决定提供个案管理服务。个案自 2020 年 9 月开案,历时 10 个月。

3. 资料收集与评估

工作者与服务对象进行知情同意、保密承诺、资料使用等相关沟通后了解到以下情况。

(1) 基本资料

服务对象(受害人李芳):女,37 岁,身高不到 160cm,身材娇小、纤细,本科学历,曾从事企业行政工作,月收入约 6000 元。2010 年结婚,育有佳杰(化名)、佳俊(化名)两个儿子,生育大儿子后辞去了工作,全职照顾家庭。

服务对象丈夫(加害人刘杰):男,43 岁,身高 178cm,标准身材,本科学历,中型企业中层管理职员,月收入约 2 万元,是家庭的经济支柱,2020 年后月收入降至 1.5 万元。自 2020 年开始有酗酒习惯,情绪暴躁,未确诊是否患有情绪障碍。

服务对象大儿子(佳杰):男,8 岁,小学三年级,性格早熟、较沉默少言,与父母关系较疏离。学习成绩良好。经常目睹父母吵架的场面。

服务对象小儿子(佳俊):男,4 岁,幼儿园中班,与服务对象关系亲密,与父亲较亲近。经常目睹父母吵架的场面。

服务对象婆家:婆家并不知道家暴情况,但一直对服务对象冷嘲热讽、诸多挑剔,认为服务对象没有尽好儿媳和妻子的责任。

服务对象娘家：服务对象的娘家在外地，经济条件并不宽裕。父母已退休，哥哥是货车司机。服务对象母亲在不知道服务对象受暴的情况下曾劝说服务对象"丈夫在外面打拼不容易，你多些忍让，照顾好家里"。

● 家谱图分析（见图 6-1）

服务对象与婆家关系紧张、疏远，所遭受暴力和压力主要来自丈夫及婆家。

服务对象与小儿子关系紧密，与大儿子交流较少；与娘家一直保持畅通联系，情感联结较强。服务对象的正向情感关系主要来自娘家和儿子。

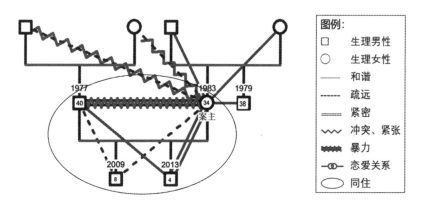

图 6-1 家谱图

● 社会生态图分析（见图 6-2）

中间圈是服务对象的家庭内部和非正式支持资源，其他圈是服务对象的潜在及已初步建立联系的正式支持资源。服务对象的社会支持系统较弱，需要进一步发掘和运用社会服务网络资源。

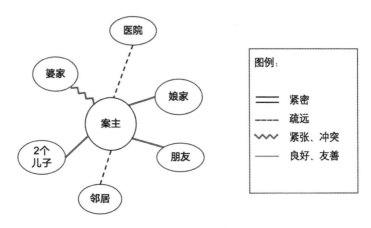

图 6-2 社会生态图（接受个案管理服务前）

（2）危险评估

受暴类型、施暴频率及持续时间

服务对象遭受了精神暴力、身体暴力、性暴力和经济控制等不同类型的暴力，这些暴力交互发生，服务对象在感受到恐惧与被爱之间来回摆荡，家暴循环反复且持续加剧。

工作者使用《亲密关系暴力危险性评估量表（CIDA）》[①] 评估服务对象受暴危险性，量表评估结果为"高危险"。

● 精神暴力

服务对象和丈夫结婚前，丈夫就存在查服务对象的手机、监视服务对象行踪的行为，且丈夫多次怀疑服务对象出轨。结婚后，丈夫经常辱骂和威胁服务对象"你想死是不是"，同时恐吓服务对象如果离开就永远见不到孩子。当严重暴力发生时，服务对象哀求丈

---

① 《亲密关系暴力危险性评估量表》修订课题组：孟莉、李洪涛、付昨霖。

夫停手，丈夫会骂"你死了也没人在乎，别人只会说你活该""我为什么会这样？还不是因为你吗"及"你就是想我打你，你老老实实听话不就没事吗"等。

● 身体暴力

丈夫会以服务对象没有抓好孩子的学习、没有做好家务或给他压力等各种理由施暴。后期，暴力恶化至服务对象只要有一丝不顺从丈夫的要求，丈夫就会施暴。加害人会抡起身边的物品随手砸烂或大力扔向服务对象，服务对象有时躲避不及时就会被碎片刮伤或直接击中，造成流血、淤青或烫伤；加害人喝醉酒会用拳头殴打服务对象肚子、大腿和背部至严重淤青，连续大力地扇巴掌至服务对象嘴角出血和脸部、眼部严重红肿。加害人还不允许服务对象治疗伤口。

● 经济控制

丈夫经常辱骂服务对象"你除了待在家里你还会干什么""没有公司愿意聘用一个家庭主妇"及"你出去工作就是想去撩男人"等，并限制服务对象外出工作。

● 性暴力

每次丈夫喝醉酒殴打完服务对象后，便会将服务对象锁在房间强行实施性惩罚，服务对象感到极度痛苦、屈辱和矛盾，对丈夫仍有感情、性关系上的依恋。

● 第一次受暴

婚后半年，服务对象某天晚上约11点回到家后，被丈夫查手机、质问行踪和辱骂，后被丈夫大力拉扯头发、推搡和强行发生性关系。第二天，服务对象脸部略微红肿，感到伤心难过，后接受丈夫道歉，两人和好，没有对外求助。此事后大半年内没有再发生肢体暴力，但争吵、言语辱骂仍偶有发生。

● 重大受暴事件

在服务对象拨打热线求助前，2020年4月某天，喝醉酒的丈夫掐服务对象的脖子，并将其上半身推出阳台围栏并威胁杀死她，服务对象反抗时被大力掌掴至耳膜穿破，昏迷数小时。服务对象清醒后自行就医治疗，拍下受伤照片但未报警。第二天，丈夫道歉并承诺改过，两人发生性关系后和好。此后三四个月内没有再发生严重肢体暴力，但服务对象长期处于提心吊胆、高度紧张的精神状态。

● 最近一次受暴

求助前：服务对象拨打当地妇联热线求助的前一天，服务对象向丈夫提议由她暂时支付小儿子学费以缓解丈夫的经济压力，丈夫听后将服务对象的身份证、银行卡和存折等重要证件全部剪碎，并警告服务对象"惹我生气时你别出声，我就不会打你"。服务对象感到害怕，躲进卫生间捂着嘴巴哭，突然担心总有一天会被丈夫打死。于是开始搜索求助电话，决定等丈夫上班不在家后求助。

求助两个月后：某天晚饭后，服务对象与婆婆发生争执，被丈夫扇耳光、踹腹部。随后，加害人从厨房取出刀具，大儿子见状从自己房中拿出铁棍挡在服务对象身前，服务对象随即报警，小儿子受惊害怕。警察到场后制止暴力，将服务对象及其丈夫带至派出所调查。当晚，工作者接到服务对象求助，随即与律师志愿者共同前往派出所了解情况。

● 过往求助经验

自救：经过长时间受暴，服务对象对丈夫施暴的行为模式有一定了解，发现与丈夫争执会令暴力愈演愈烈，只要不反驳丈夫的意见、逆来顺受，人身安全就有所保障。在心理安全方面，服务对象感到难过恐慌时会选择外出散步、深呼吸和看网络小说等方式缓解。

就医：服务对象自感严重受伤会到医院就诊治疗，普通伤势如淤青、脸部红肿等则只会在家中涂药膏自愈。

司法：服务对象在求助当地妇联热线前从未试过报警或到派出所备案，对报警流程和证据收集不了解。对司法所、社区法律顾问、公共法律服务等资源不了解。

娘家：服务对象曾试过受暴后独自回娘家，但没有向娘家人说过家暴的事情，只是表示与丈夫吵架，后被丈夫用孩子威胁便没有再独自回过娘家。

朋友：服务对象向一两个比较熟的朋友坦露过与丈夫不和，朋友会关心她的心情、问她有什么需要帮忙，但她觉得家暴经历难以启齿，没有告诉朋友家暴的事情。

邻居：服务对象表示与邻里平时见到面也会打招呼，没有过多接触，不希望让邻居知道自己的事情。

工作者会基于上述信息，填写《家庭暴力受害人伤害评估记录表》（参见附录 A 中表 6），为后续的进一步评估奠定基础。

（3）需求评估

工作者与服务对象沟通和讨论后，共同识别出以下需求。

人身安全：包括加害人停止暴力行为，紧急情况时获得庇护，获得安全生活环境的需求。若维持婚姻关系，留在家中或分居都需要预防暴力再次发生或恶化，改善与丈夫的沟通模式；若出现以结束婚姻关系为前提的离家情形，则需要预防离婚暴力和考虑儿子安危。

心理健康：包括被理解、获得无条件接纳和心理支持的需要。期望通过心理咨询和创伤辅导，纾解抑郁、恐惧、焦虑、孤立无助及内疚等情绪。

效能提升：走出受暴妇女综合征的负面影响，提高安全感、自我价值感、自主意识和解决问题的信心，开启复原历程，恢复全人健康状态。

法律维权：包括学习收集证据、报警、备案、伤情鉴定和申请家庭暴力告诫书的技巧和法律知识，了解和申请人身安全保护令、离婚、争取抚养权等相关法律问题。

经济支持：包括在紧急状态时获得金钱、食物等临时生活救助，重新工作以提高经济独立能力和发展社会经济关系。

意识提升：学习反家暴相关知识，认知家暴的严重性，提升性别平等意识。

子女照顾：目睹家暴儿童辅导、亲子关系修复、亲权争取及转学事宜等。

社会支持：包括建立和强化正式及非正式社会支持系统、发掘和运用社会服务网络资源的能力。

(4) 资源评估

基于上述需求，工作者与服务对象共同进行了不同层面的资源评估，以确定有哪些潜在资源可以使用，降低危险程度，并且满足服务对象多维度的需求。

个人层面：服务对象主动向外求助，有解决困境的勇气及态度，已意识到暴力的危险和伤害，具一定程度的自我保护意识和方法，能觉察到自身情绪。这对工作者协助服务对象订立个案管理服务目标和执行服务计划有较大帮助。在经济方面，服务对象有工作就业经验和社交技能，有约7万元的个人存款。

家庭层面：对孩子安全和未来发展的关心是服务对象勇于求助、坚定处理家暴问题决心的正向支持因素。娘家可提供长期庇护、经济补助、情感支持和陪同处理事务等支持。

非正式支持系统层面：服务对象身边熟悉和信任的朋友可提供情感陪伴、事务处理陪同、紧急报警协助、短期庇护和少额借款等支持。妇女互助小组和志愿者可提供情感互助、经验分享和事务处理陪同。

正式支持系统层面：派出所和民警可紧急出警制止暴力、对加害人作出口头警告和出具家庭暴力告诫书、执行行政处罚、提供伤情鉴定和协助就医等。法院可签发人身安全保护令。妇联、反家暴机构提供专业个案管理服务、维权程序陪同、协助申请临时救助金、法律和心理咨询等资源链接、转介就业援助和加害人辅导等。学校和老师可为服务对象孩子提供校内心理辅导和转学协助等。

4. 个案目标

工作者与服务对象共同讨论后，确定以下服务目标：

- 服务对象受暴危险降低；
- 服务对象及孩子情绪困扰及创伤得到缓解；
- 服务对象的自主意识及解决问题的能力提高；
- 服务对象重建无暴力生活。

5. 服务介入与实施

（1）保障服务对象及子女身心安全

对安全性保持敏感度：工作者每次与服务对象联系，均会通过安全暗号、环境音、服务对象语气和回应是否刻意闪躲，优先确认服务对象是否方便、是否安全无虞以及不断评估服务对象的受暴风险。会谈结束时提醒服务对象删除通信记录及信息浏览记录。

设立和强调底线：借由对最严重受暴事件的回顾，与服务对象探讨对暴力的接受程度，设定暴力行为底线为"加害人使用利器威胁或攻击"，商讨危机应对方法和约定不自杀协议。当暴力行为超越底线时，鼓励服务对象坚持底线采取行动，避免再次深陷暴力循环。

肯定服务对象的权利：明确向服务对象表明发生家暴不是她的错，她有权利获得安全生活，全程协助服务对象行使获得司法保护的权利。当服务对象表达感觉自己在委曲求全时，帮助服务对象识别自己是在有意识地自我保护而非屈就暴力，赞赏服务对象的勇敢和不放弃。

制定安全计划：接案初期，工作者谨慎介入，建议服务对象暂时不动声色地收集证据，协助服务对象识别可利用资源，结合过往成功处理危机的经验制定有效的紧急安全计划，不放弃向外界求助。后期，与服务对象详细梳理"留在婚姻中""结束婚姻"等不同生活选择的风险因子，拟定安全计划及家事安排。

重视目睹儿童：评估两名儿子受到的创伤影响，在征得服务对象及孩子同意后，工作者链接心理咨询师通过游戏治疗的方式协助小儿子叙述事件，疏导情绪；与大儿子倾谈他的感受，排解他既担忧又责怪母亲的矛盾情绪，教导求助方法；协助服务对象认识和持续关注目睹家暴对孩子的影响，向服务对象示范亲子沟通技巧，协助服务对象给予孩子情绪支持。

提高服务对象对家暴严重性的认识：与服务对象检视暴力发展过程，觉察暴力循环，认识家暴对其及孩子的情绪、认知及行为造成的严重影响，明白无论未来作何种选择，保障自己及孩子身心安全是最重要的问题。

矫治教育加害人：派出所对服务对象丈夫进行口头法治教育及签发家庭暴力告诫书。人民法院签发为期六个月的人身安全保护令，禁止服务对象丈夫实施家庭暴力。在人身安全保护令执行期间，社区民警、街道妇联主席与工作者不定期通过家访、电访查问服务对象在家的安全情况。工作者也请社区居委会工作人员尝试与服务对象丈夫接触，了解其想法和需要，服务对象丈夫以工作繁忙、身体不适等理由拒绝服务。

以下提供工作者与服务对象的第一次会谈（节选），并着重分析了会谈中使用的技巧以及回应和介入思路。第一次会谈主要体现了工作者接案及与服务对象初步建立专业关系的过程见表6-1。

表6-1　工作者与服务对象的第一次会谈（节选）

人物	具体内容	关键信息/使用技巧	回应/介入思路解析
工作者：	您好，这里是×××妇联热线，请问您怎么称呼？	礼貌用语，隐藏"反家暴"字眼	警惕加害人来电
服务对象：	我姓李。		
工作者：	李女士您好，我姓何，你可以叫我何社工。请问有什么可以帮您？	自我介绍	
服务对象：	……我想咨询一些婚姻问题。		
工作者：	明白。那您现在是在什么地方？方便继续通话吗？		确认服务对象的安全
服务对象：	我现在自己一个人在家里，方便讲话。		
工作者：	了解，您跟我之间的对话，我会保密。您可以慢慢说您的情况。	承诺保密	知情同意原则

续表

人物	具体内容	关键信息/使用技巧	回应/介入思路解析
服务对象:	好。		
工作者:	（服务对象基本信息登记过程略）您刚刚说想咨询婚姻问题，您方便具体跟我说说是什么问题吗？	具体化	了解服务对象诉求
服务对象:	……我和我老公结婚十几年了，因为客观原因经济不是很好，我老公就被公司降薪，然后他的脾气就变得很差，还经常喝醉酒。一到家就乱骂人、砸东西。我知道他压力很大，我也没埋怨他，可是我要照顾两个儿子，还要天天担心哪里做得不好惹他生气，我觉得好累、好怕，我真的不知道该怎么过下去（哽咽、哭腔）。	存在家暴风险因子	
工作者:	嗯，李女士，听起来您真的很不容易，要说出这些事情真的要很大的勇气。	同理反应	反映感受确认困难
服务对象:	是啊，谁会想把家里的事讲出来，但是我真的受不了了，我真的不知道为什么会变成这样（抽泣）。		

续表

人物	具体内容	关键信息/使用技巧	回应/介入思路解析
工作者：	谢谢您愿意相信我，跟我讲您的感受。您一定压抑很久了，没关系，您可以哭出来，我会陪着您。您可以慢慢调整您的情绪。	同理反应，支持与鼓励	感谢信任，营造安全、接纳的辅导氛围
服务对象：	（哭泣，3分钟后）谢谢，我好多了。		
工作者：	嗯，我听到您说，您老公被降薪后脾气变差、经常喝醉酒，会骂人和砸东西，他情绪最差的时候会怎么样？	重述，查问特殊或最严重的情况	探讨家暴情况
服务对象：	……他会动手打我（声音颤抖）。	坦露家暴情况	
工作者：	所以您刚刚说您会天天担心哪里做得不好惹他生气，觉得好累、好怕，是因为他打您，对吗？	澄清问句	了解服务对象感受
服务对象：	是，只要一见到他我就忍不住发抖，很怕他下一秒就发疯了（声音颤抖）。		
工作者：	您每天提心吊胆，身心都觉得很疲惫了，您不想再被老公打，您想过安全、平静的生活，所以您想找人聊聊看有什么解决办法，对吗？	同理反应	反映感受与处境，了解服务对象诉求

第六章 典型案例分析

续表

人物	具体内容	关键信息/使用技巧	回应/介入思路解析
服务对象：	嗯，我真的不知道可以怎么办，有几次被他打完，我真的不想活了，太辛苦了（哽咽）。	可能存在自杀风险	
工作者：	您一定是很痛苦才会有自杀念头。这个念头持续了多久呢？你之前有试过自杀吗？	具体化	评估自杀风险
服务对象：	……我没有，就是有时很难受，感觉喘不上气，但是一想到我死了两个儿子怎么办，小儿子才5岁（小声哭泣）。	服务对象没有明确的自杀意图和自杀计划，自杀危机较低	
工作者：	我很感动，虽然这么难受，您一直都没有放弃自己，一直在想办法面对！您会从两个儿子身上获得求生的勇气，您还试过怎么做？	应付问句①	强调求生力量，查问情绪宣泄方法

---

① 应付问句（coping question）是寻解治疗模式，又称焦点解决短期治疗（solution-focused brief therapy）中的一组提问技巧，常用于引导服务对象发掘其应付问题的办法和资源，让服务对象觉察自己并非想象中那般无能、无助，协助服务对象重建面对问题的信心和力量。

续表

人物	具体内容	关键信息/使用技巧	回应/介入思路解析
服务对象：	我不知道可以找谁聊，我也不想见人，自己躲着哭或者哭完了下楼走一走。		
工作者：	那您最近的心情怎么样？食欲、睡觉质量如何？		查问服务对象情绪状态
服务对象：	比之前会好些，我一直都吃不多，睡觉一直都不是很好，我会等我老公睡着了我才敢睡。		
工作者：	休息一直不是很好的话，您会觉得身体很累吗？您现在这样跟我聊，会不会觉得轻松一点？	对比问句	引导服务对象觉察改变
服务对象：	现在会觉得轻松些。		
工作者：	解决问题是需要体力和精力的，除了您刚刚说的想想儿子、宣泄情绪、散步这些方法，我有些方法可能可以让您在情绪上感觉安定些，让您比较有精神去考虑和处理这些事情，例如……（略，请参考本手册第三章（四）"服务介入与实施"中的"情绪安全计划"）。您会愿意尝试一下吗？	直接建议，制定情绪安全计划，表示尊重	关注服务对象心理安全

续表

人物	具体内容	关键信息/使用技巧	回应/介入思路解析
服务对象：	谢谢你，散步我可以在买菜、接儿子放学的时候做，我也喜欢画画和听音乐，我会试一下。		
工作者：	好啊，之后您如果觉得对心情有帮助，您可以多去做。接下来，我想回到刚刚您提到刘先生动手打您的这个问题上。我会问您一些问题，可能会让您想起不开心的事，您如果想停下来，您随时告诉我，可以吗？	表示乐意协助，提出直接查问，表示尊重	主导会谈节奏，创伤知情原则
服务对象：	好。		
工作者：	刘先生动手打您这类情况发生多少次了？您还记得第一次是什么时候吗？		查问家暴历史
服务对象：	（叹气）哎，我都记不清了，很多次了。第一次好像是我们刚结婚不久，2010年吧。	家暴情况长达11年	
工作者：	那到现在差不多五六年了，这几年里，动手的情况有没有越来越严重？		查问家暴历史

续表

人物	具体内容	关键信息/使用技巧	回应/介入思路解析
服务对象：	有，他先骂人，然后就开始动手，后来只要有一点不顺他的意，就会打我，越打越凶。	暴力程度持续恶化	
工作者：	他打得最凶的那次是怎样？有没有使您无法呼吸或者致命的行为，例如掐您的脖子？	追问	查问最严重家暴事件
服务对象：	有，他掐过我脖子，把我上半身推出阳台围栏，我的耳膜也被他打穿了。他还问我是不是想死，我当时特别恐惧，那一次我真的觉得我可能会死，他看我的那个眼神，我真的相信他会打死我。	存在致命暴力行为，服务对象高度恐惧	
工作者：	那确实很严重，是很高危的暴力行为，差一点就危及您的性命。那您觉得未来一个月内他再动手的可能性高不高？危险程度高不高？1—10分，1分是可能性不高、不危险，10分是可能性很高、非常危险，您觉得会有几分？	应付问句、刻度问句	强调暴力危险性和后果，引导服务对象对目前处境进行自我主观评分

续表

人物	具体内容	关键信息/使用技巧	回应/介入思路解析
服务对象：	我也不知道，他是很无常的，可能性是肯定有的，而且他每次动手都很重的。可能7分吧。		
工作者：	嗯，如果他不动手，其实您也会一直担惊受怕，而且还是会有被他骂、扔东西的危险的。如果他一动手，那您就很危险了，对吗？		
服务对象：	是，他不动手的时候也会经常骂我。		
工作者：	好的，我了解了。那这么多年来，您有试过找别人帮忙吗？例如报警或者告诉家人、朋友？		
服务对象：	都没有。不好的事情，我也不想被其他人知道。		
工作者：	要向别人说出来这些事情确实是不容易的，谢谢您愿意告诉我。那每次发生暴力之后，您自己是怎么处理的呢？您会不会找到一些方法保护自己？	同理反应，应付问句	反映感受，感谢信任，查问过往自救经验

续表

人物	具体内容	关键信息/使用技巧	回应/介入思路解析
服务对象：	我也没怎么，我也不知道算不算什么方法，我以前会反驳他，后来也是被打怕了、打多了，他想发疯之前我会感觉到他的眼神变化，我就会服软、不敢出声，有时候觉得自己这样挺没尊严的（冷笑了一声）。	从过往经验中学习自救方法，自我否定、自我价值感较低	
工作者：	李女士，其实我很欣赏您，因为您一直不放弃保护自己。您不跟他正面冲突是很好的策略。您并不是被动地服软，反而是您在尝试主动控制刘先生的情绪，而且成功降低了暴力风险。	赞赏、强调及肯定、重新解读服务对象的努力	引导服务对象自我觉察，强调过往成功处理危机的经验
服务对象：	是吗（惊讶）？我真的没从这角度想过，你这么说好像也是。后来好像是动手的情况少了，但是他说的那些话、那种眼神也还是吓人的。	服务对象觉察到情况有好转	

第六章 典型案例分析

续表

人物	具体内容	关键信息/使用技巧	回应/介入思路解析
工作者：	您一直以来的努力很重要，您没有让情况变得更差。不过我根据您提及的一些情况，我评估您的危险比较大，情况也比较复杂。我也想邀请您来我们这边充分谈一下，这样我们可以讨论一些针对性的解决办法。当然，如果您不方便来也没关系，我们也可以继续保持电话联络，只要您感觉安全、舒服就行。您觉得呢？	直接建议，表示尊重	强调暴力危险，邀请面谈，解释面谈目的，以服务对象为中心
服务对象：	嗯……都可以……我去一下你们那儿吧。		
工作者：	好的，那我等下再和您约时间。李女士，您刚刚说感觉刘先生动手的情况有减少，不过您刚刚也有说您自己觉得近期会有比较大的危险，所以我想提醒您还是不能掉以轻心，我们可以讨论一下短期的安全计划。	直接建议	提醒提高警惕性，鼓励采取安全措施
服务对象：	哦，安全计划是什么？我没有了解过。		

续表

人物	具体内容	关键信息/使用技巧	回应/介入思路解析
工作者：	其实您前面提到的那些自我保护也是安全计划的一部分。另外我会建议您……（略，请参考本手册第三章（四）"服务介入与实施"中"安全计划"）。根据您的了解，您觉得这些方法会不会有用？	直接建议制定短期在家安全计划	鼓励采取安全措施，保障服务对象在家安全，以服务对象为中心
服务对象：	嗯，我没试过，反正我先准备着吧，以防万一。		
工作者：	您的安全是最重要的，您注意保护好自己。如果您觉得心情很糟糕，您也可以找我聊聊。只要人没事，之后我们可以慢慢想解决问题的办法。	支持与鼓励表示接纳	生命安全优先原则
服务对象：	嗯，我也明白，谢谢你听我说这些，我好像很啰唆，我刚刚真的很难受，现在觉得终于有人能理解我。	坦露改变	

续表

人物	具体内容	关键信息/使用技巧	回应/介入思路解析
工作者：	谢谢您愿意相信我，下次我们见面的时候，我会跟您详细说明我们有哪些服务可以帮您、我们会遵守哪些规定，我也需要再多了解一些您的情况，也会讨论一下接下来我们怎么处理这些事情。那我们今天就先聊到这里，您记得删除我们的通话和短信记录。	说明解释	预先告知面谈结构，让服务对象有掌控感，提醒保持警惕
服务对象：	好的，谢谢你。		

(2) 导入多元社会服务资源

危机介入：采用主导介入手法，做出明确及直接的指示，以协助思绪混乱的服务对象实时获得司法保护（成功申请家庭暴力告诫书及六个月的人身安全保护令）及安全庇护，减弱危机对其造成的威胁，让服务对象得到充权及有时间恢复能力。

推动多部门联动：在征得服务对象同意下，工作者根据工作指引向妇联报告案件，妇联组织牵头启动本地反家暴联动机制，召开多部门联席会议，邀请专家共同研讨个案，确定各部门工作职责：公安机关为服务对象提供报警备案、伤情鉴定、社区民警随访等保护措施，对加害人依法处罚及矫治教育；法院依法签发和执行人身安全保护令；街道、居委会定期随访及协助执行人身安全保护令；教育部门为服务对象提供子女转学咨询及事务协助；妇联提供儿童目睹家暴创伤心理咨询及家暴维权、家事诉讼法律咨询或援助等服务，工作者持续跟进个案情况。

介绍正式资源：工作者根据个案进展及服务对象需求，不间断地借助机构汇编的资源手册协助服务对象盘点正式支持资源，充分了解如何使用资源，包括资源的功能、使用时机、沟通技巧。提高服务对象发掘和运用资源的能力，使服务对象在未来有解决问题的能力。

管理资源：工作者发挥资源统整者的角色，根据个案进展及服务对象需求，链接律师、心理咨询师、妇女互助小组、子女转学及就业咨询等资源，追踪介入效果。提供人身安全保护令申请、离婚诉讼等司法程序陪同服务，减低服务对象与资源互动的能量消耗。

临时生活救助：协助服务对象申请紧急救助金用于分担部分心理咨询及离婚诉讼律师委托费用，减低服务对象经济压力，使服务对象能利用个人积蓄承担租房和处理两个儿子转学事宜的费用。

鼓励参与活动：个案中后期服务对象着手准备离婚诉讼，工作者帮助服务对象理解诉讼所需要的漫长历程，可能引致非病理性身体不适和心理耗损。工作者邀请服务对象参加受暴妇女瑜伽小组，更好地恢复自尊感和自我掌控感，以应对离婚诉讼的各种情境。

图 6-3 为接受个案管理服务后服务对象社会生态图的变化。

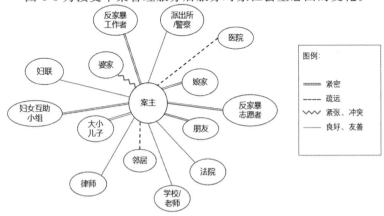

图 6-3 社会生态图（接受个案管理服务后）

服务对象遭丈夫持刀威胁后,在庇护站与工作者进行面谈,见表6-2。

表6-2 工作者与服务对象的第五次会谈（节选）

人物	具体内容	关键信息/使用技巧	回应/介入思路解析
工作者：	李女士,您昨晚休息得还好吗?		观察到服务对象略显疲态
服务对象：	差不多天亮才睡着,睡得不是很稳。		
工作者：	我都明白,昨晚辛苦您,可能这里始终是陌生的地方。您要不要再休息一下,觉得有精神些再告诉我?	同理反应	确认服务对象状态
服务对象：	谢谢你,我现在也睡不着,我想趁着孩子们还在睡就先聊,我不想他们听到这些事。		
工作者：	好,如果您中途觉得累了,可以随时告诉我。	表示尊重	尊重服务对象意愿
服务对象：	好,谢谢你。		
工作者：	李女士,您还记得上次您定的那个底线吗?	直接询问	
服务对象：	记得。		
工作者：	这次这件事已经过了之前您定下来的底线,暴力越来越严重,您认同吗?	直接提醒	强调已超越服务对象的底线

续表

人物	具体内容	关键信息/使用技巧	回应/介入思路解析
服务对象：	是，我没想到他在孩子面前都拿了刀出来。我一直都在顺从他、忍让他了，为什么他还要这样（哭泣），我昨天真的很怕。我看见他拿刀那一下子真的蒙了，后来看见大儿子挡在我前面，我就立马想起你之前让我报警。	安全计划发挥作用	
工作者：	是呀，真的是很高危的情况，我现在也有点后怕。但是您昨晚做得很好！您很快反应过来报警和打电话通知我。	同理反应，赞赏与肯定	强调暴力危险，肯定、赞赏服务对象能力
服务对象：	……（哭泣）		
工作者：	（递出纸巾，轻握服务对象的手）我陪着您，您看看身边，现在很安全，不用担心。	真诚接纳	营造安全、接纳的氛围
服务对象：	（调整情绪）……不好意思。		
工作者：	没关系，我明白的……（等待服务对象调整）……您会不会想讨论一下接下来要怎么处理？		查问服务对象想法

续表

人物	具体内容	关键信息/使用技巧	回应/介入思路解析
服务对象：	我不知道，我现在还是好乱，我不知道可以怎么做。我给您听……（播放语音，语音内容为加害人道歉、认错和希望服务对象带孩子回家）。		
工作者：	我知道您现在很矛盾。我记得您也跟我说，每次刘先生打完您都会道歉，您也会让步给他机会，不过他好像都没有珍惜这些机会，而且一次比一次严重，您觉得是吗？	反映应付方法无效	引导服务对象反思对暴力的接受程度和应对效果
服务对象：	……（叹气）……何社工，他会不会有改变的一天？		
工作者：	如果这次您选择原谅他，您觉得他会不会改变？	假设问句	
服务对象：	……（沉默）他可能会像之前那样。		
工作者：	他之前是怎样？	追问	
服务对象：	他会好一段时间，又会有下一次。但是这次不一样，我之前都没有告诉其他人，他很爱面子的，我很怕他会觉得我昨晚让他丢脸，我回去的话怕他会报复我。可是我不回去，我也怕他真的会去欺负我爸妈和我哥。	服务对象觉察到暴力循环，面临选择关口	

续表

人物	具体内容	关键信息/使用技巧	回应/介入思路解析
工作者：	嗯，其实很多家暴都会出现暴力循环。您原谅他，他又再次打您，一直这样循环下去，您也会越来越没有信心去改变这种情况。	指出本质	强调暴力循环因果，引导服务对象觉察家暴伤害
服务对象：	我以前不是这样的，以前读书和工作的时候，我都很麻利，同事们都说我很有主见。但是现在我真的很模糊，不知道这样做或者那样做到底对不对，不知道应该怎么做。		
工作者：	是啊，这么多年以来家暴对您的伤害其实已经很深了，我们一点点慢慢来，是可以恢复到以前那样的。	问题外化，自我表露	建议优先考虑安全，鼓励与支持寻求外界专业帮助
服务对象：	真的可以吗？我现在真的没有信心。		

续表

人物	具体内容	关键信息/使用技巧	回应/介入思路解析
工作者：	真的可以，因为您现在一直需要花很多时间和精力去想怎么保护自己，没有时间去关注自己。所以我想先跟您达成一个共识，我们不应该再忍受暴力，您同意吗？	给予希望直接引导	强调不应容忍暴力，强调底线和共识
服务对象：	如果是这样，那我是不是不回去比较好？		
工作者：	改变的方法有很多，不一定只有不回去这个选择，回去的话也可以用不同的方法保护自己。那根据我的经验，很多时候需要外力介入。		
服务对象：	是不是像昨晚报警？		
工作者：	是，您找我们或者找家人商量、报警、申请告诫书和保护令等等，这些都会有助于让自己和孩子更加安全。		鼓励与支持寻求外界专业帮助
服务对象：	那我应该怎么做？		
工作者：	或者我先介绍一些其他受暴妇女的经验给您听，您看会不会有帮助？		

续表

人物	具体内容	关键信息/使用技巧	回应/介入思路解析
服务对象：	好。		
工作者：	其中有三种情况：第一种是有些妇女报警、申请了告诫书之后看见老公有被震慑到，不敢再动手，她们会选择回家；第二种是有些妇女其实还是会担心，会先申请人身安全保护令，有条件的话会离开一段时间，观察老公有没有改变，再考虑要不要回家；第三种是有些妇女会直接选择离婚，然后会看自己经济情况能不能带上子女离婚。我上面说的只是其中几个方向，还有很多不同的处理，您不一定要选上面的办法。	自我表露，提供资讯	介绍过来人处理经验
服务对象：	何社工，你觉得我要不要离婚？	服务对象首次提出离婚想法	
工作者：	您想过要离婚？	追问	了解服务对象对离婚的想法
服务对象：	其实我也想过好几次了，但是每次跟他和好之后，就没想了。		

续表

人物	具体内容	关键信息/使用技巧	回应/介入思路解析
工作者：	我接触过很多受暴妇女都有这个困扰,这是个不容易决定的事情。好多妇女都要经过一段时间才可以下决定。	普遍化 自我表露	理解服务对象的感受
服务对象：	是吗?我自己其实也没想好。		
工作者：	不要紧的,您可以慢慢考虑,不管您的决定如何,我都会继续协助您,不要担心。	支持与鼓励	澄清服务目标
服务对象：	谢谢你何社工,如果没有你,我真的不知道该怎么办。		
工作者：	谢谢您一直信任我,我会尽力和您一起想办法,但最重要的是您自己一直坚持和努力,您要谢谢自己(微笑)。	真诚肯定	感谢信任,强调服务对象的努力
服务对象：	好,谢谢你一直鼓励我,我会加油。		
工作者：	或许我们可以先讨论一下,怎么做对您会是比较安全?	聚焦	建议优先考虑安全
服务对象：	好。		

续表

人物	具体内容	关键信息/使用技巧	回应/介入思路解析
工作者：	您觉得目前有哪些问题是需要优先讨论的？或者您有哪些最担忧的事想讨论？	表示尊重	服务对象自决，以服务对象为中心
服务对象：	……（思考）比较大的问题是我要不要回去。孩子也要上学，学校也不能请太多假，我不想这件事影响他们正常学习生活。但是如果我回去我又担心我老公会再动手，如果只是让孩子回去，我也担心我老公会照顾不好孩子，我自己走也舍不得孩子。		
工作者：	我听到您有三个想法：第一个是您和孩子一起回去；第二个是您和孩子都不回去；最后一个是只让孩子回去。您很两难，因为安全和孩子的问题，您想两边都兼顾到。不过我也希望您理解，没有一种办法是完美的，或多或少都需要取舍，我们只能选择最符合当下实际情况的那一个。您同意吗？	重述与摘要，同理反应，面质	反映服务对象想法与期望，澄清不合理的期望

续表

人物	具体内容	关键信息/使用技巧	回应/介入思路解析
服务对象:	是，我明白不能什么都要。		
工作者:	那我先把这三个想法列在纸上，我们一个一个来看看有哪些利弊，然后对应有哪些解决办法和资源。您想先讨论哪一个？	示范，表示尊重	提高解决问题的能力，服务对象自决
……（讨论过程略）			
工作者:	您觉得这样会不会帮助您更清晰自己的选择？		查问服务对象变化
服务对象:	会啊，这样一条条列出来很清晰。		
工作者:	您之后如果遇到两难的问题，也可以试一下用这个方法去考虑。那就按照我们刚刚讨论的，我先回去准备一下，您也可以再看一下这本资源手册。我下午会来接您们过去，一起和律师讨论人身安全保护令的事，也请心理咨询师和孩子们聊一下。	强调，提供资讯，说明	预告面谈安排
服务对象:	好，真的谢谢何社工你的帮忙。		

（3）陪伴服务对象五个阶段的转变

服务对象在个案历程中经历了五个阶段的转变，五个阶段并非单向直线发展，而是交替出现和反复不定的。工作者感觉到服务对象面对的内外压力和挣扎，并适时调整工作重点，运用无条件接纳、同理反应、耐心聆听、重整创伤经验、停止思想、思想重组、示范和角色扮演等方法与技巧，陪伴服务对象渡过转变，突破抉择困境。

无意图/迷惘期：服务对象第一次向工作者求助时处于这个阶段，她并未真正觉察家暴问题的严重性，仍在高度忍受家暴虐待。工作者通过与服务对象共同评估暴力危险程度，提升服务对象对家暴严重性的认识，明确自己的权益。

意图期/忍受期：服务对象有意做出改变，但当意识到需要面对众多问题时，思绪变得混乱，尚未准备好处理关系。工作者支持服务对象表达情绪和感受，同理服务对象处于选择关口的处境，澄清介入的目的是增强社会支持以确保其安全，协助拟定安全计划。

准备期：服务对象在人身安全保护令期满前两个月被丈夫恐吓"两个月过了我再慢慢收拾你"，对丈夫彻底失去信心，开始计划携儿子们离家。工作者协助服务对象厘清影响婚姻去留的因素，分析不同的生活选择的利弊，制定离开关系的安全行动计划。

行动期/分离期：服务对象自主意识增强，决意不再容忍暴力，开始采取行动、落实计划。工作者肯定服务对象的勇气及决心，协助服务对象获得所需的社会支持资源，通过帮助服务对象觉察自己的微小改变，维持正向改变的信心和动力。

维持期/康复期：服务对象维持六个月以上的正向行为转变，没有再受暴，对日后生活抱有信心，重新工作，提高经济独立能力。工作者支持服务对象自决，继续提供生活安排协助，巩固已有改变，提高服务对象解决问题的能力。

服务对象申请人身安全保护令后携子回家与丈夫同住一个月后，在与工作者会面的前一天致电工作者，见表 6-3。

表 6-3 工作者与服务对象的第七、八次会谈（节选）

人物	具体内容	关键信息/使用技巧	回应/介入思路解析
服务对象：	喂，请问是何社工吗？		
工作者：	我是，请问您是？有什么可以帮您？		提防是加害人来电
服务对象：	我是李女士啊。		
工作者：	您好李女士，您是想继续咨询两癌筛查方面的政策吗？	使用暗号，留意通话环境声音	评估服务对象安全
服务对象：	何社工，我现在自己一个人在公园，老公去上班了，我方便讲话。	服务对象确认暗号通话安全	
工作者：	好，您打电话给我是有什么事吗？		
服务对象：	啊，是这样，不好意思，我可能明天没时间去见律师。		
工作者：	哦，这样子，或者您什么时候方便，我可以和律师协调一下。		查问服务对象的想法

续表

人物	具体内容	关键信息/使用技巧	回应/介入思路解析
服务对象：	何社工你不用那么麻烦啦，不着急的，律师也比较忙，我看哪天方便再告诉你。		
工作者：	李女士，您是不是遇到什么困难或者危险？	表示关怀	敏感觉察服务对象的回避与退缩
服务对象：	……也没有，我老公最近没有打我。		
工作者：	听起来您有些忧虑，明天的安排我们再讨论也没关系，其实我是在意您的安全和感受。	澄清	澄清目的
服务对象：	其实是我还没想好要不要离开，因为上次我说想离婚，又麻烦了你那么多。然后我现在又……嗯，何社工，我如果不离婚，会不会你之前的工作白费了？		
工作者：	李女士，谢谢您愿意告诉我您真正的想法。如果我让您觉得我是希望您离婚的话，我表示抱歉。您不用担心，您可以自己决定对婚姻的处理，我的工作是协助您在任何的生活选择下都可以保证安全。	感谢信任，澄清	澄清目的，支持服务对象自决

续表

人物	具体内容	关键信息/使用技巧	回应/介入思路解析
服务对象：	啊,你不用道歉。		
工作者：	其实很多妇女都会有这个过程,不只是您一个人有烦恼,离婚是个不容易的抉择。关于离婚的担忧,您会想说多一点吗?	问题外化,追问,具体化	同理,安抚服务对象
服务对象：	其实这个月我一直在想,越想问题越多,问题扣问题,就好像我要不要带儿子走、要不要找工作,可是我都这么多年没上过班了,这么大年纪了,哪有那么容易。还有如果孩子跟了我,以后孩子要办什么资料,那他们爸爸不配合提供他的资料怎么办?如果转户籍到我家这边,学校就肯定没有现在好。		
工作者：	我也认同您的意见,很多细节问题需要思考。上次我们一起把每个想法列出的那种方法,能帮助您思考吗?	肯定	
服务对象：	我有用那种方法,但是可能是我一个人想不清楚,我觉得很乱。		

续表

人物	具体内容	关键信息/使用技巧	回应/介入思路解析
工作者：	其实多一个人在旁边商量会好些。或者我们在明天的面谈继续今天的话题，讨论一下如果您想和刘先生继续一起生活，怎么做对您和孩子是比较安全的，您认为呢？		邀请面谈，解释面谈目的
服务对象：	这样也好，那我明天还是过来吧。		

第二天，服务对象如期到访，与工作者面谈，讨论离婚抉择。

人物	具体内容	关键信息/使用技巧	回应/介入思路解析
工作者：	昨天您跟我讲了一些您觉得离婚会面对的问题，比如孩子读书、户口要不要迁出来、您自己要不要重新工作等等。我也觉得很棘手。	重述，自我表露	
服务对象：	对呀，每一件事都不简单。我一想就觉得很头痛。		

续表

人物	具体内容	关键信息/使用技巧	回应/介入思路解析
工作者：	我听到您之前比较积极去计划未来的生活方向，但是最近一想到离婚有很多问题需要解决，好像一下子泄气了，对自己没信心。您觉得是不是这样？	同理反应	反映服务对象深层感受
服务对象：	嗯，是有点。		
工作者：	您觉得除了是因为离婚需要处理这些问题以外，还有哪些原因让您好像没了动力和信心呢？	追问	查问服务对象的想法
服务对象：	……（思考，疑惑）好像没有吧。		
工作者：	或者我换一个问法，这多年来您一直忍让刘先生，仍然留在婚姻中，一定有您的考虑和坚持，例如和丈夫、孩子之间的关系、相处、感情。您会想说说吗？		引导服务对象自我觉察

续表

人物	具体内容	关键信息/使用技巧	回应/介入思路解析
服务对象：	……（叹气）哎，其实我不想走到离婚那一步，我们不是那种相亲结婚的，是从自由恋爱、结婚到生孩子。他对孩子挺好的，对我爸妈也还算过得去，如果他能改过来，以后不动手，或者不打得那么严重，我还是可以接受的。而且说实话我自己思想挺传统的，离婚对于我来说就是婚姻的失败，我没想过自己有一天会离婚，如果我离婚了，传到老家亲戚那边，肯定会被说闲话，我也不想我爸妈那么大年纪了还要被这样说。说得不好听，我都快40岁了，生了孩子已经脱离社会那么久，我老公也一直有给我家用，在钱上面我是依赖他的，要找工作我真的有点怵。		
工作者：	那孩子方面呢？有不少妇女一直忍受暴力，也是想让孩子生活在一个完整的家里。您是怎么想的呢？	追问，自我表露	查问服务对象想法

续表

人物	具体内容	关键信息/使用技巧	回应/介入思路解析
服务对象：	谁都想自己孩子有爸爸妈妈疼爱，我肯定也是不想孩子生活在破碎家庭里的，我看网络上面很多都说生活在单亲家庭里的孩子的性格和心理不正常。		
工作者：	嗯，谢谢您愿意跟我表达这么多真实的想法。我刚刚听到几个信息，可能未必完全准确。第一个是其实您对刘先生还有感情，愿意相信他可以改过，你们再好好过日子。第二个是您对婚姻的价值观，您觉得离婚代表着失败，社会上对离婚妇女也不是那么友好。第三个是您担心自己找不到工作，没办法做到经济独立。第四个也是价值观的问题，您希望孩子生活在完整家庭中，不完整的家庭对孩子有伤害。您觉得我说得准确吗？	摘要，同理反应	面谈小结，确认服务对象想法
服务对象：	是，差不多就是这些。		

续表

人物	具体内容	关键信息/使用技巧	回应/介入思路解析
工作者：	嗯，听完您这么说，我也比之前更明白您的一些感受和想法。无论选择离婚还是不离婚，我们都能理解和尊重您的选择，也会继续提供服务支持您。 不过在您刚刚说的，其中有几个方面，我其实也想等下再向您多了解一点。		同理服务对象感受，支持决定
服务对象：	好，谢谢你的理解。		
工作者：	昨天我也提到，今天是想和您讨论一下，如果您想和刘先生继续生活，怎么做对您和孩子是比较安全的。我从您刚刚的表达中，也听到其实您对于留在婚姻中是有前提要求的，那就是您在这段关系中，感到安全，对吗？	强调	强调优先考虑安全
服务对象：	是。		
工作者：	另外，之前我们也达成了一个共识，我们不应该再忍受暴力，您还记得吗？		强调不应忍受暴力的共识

续表

人物	具体内容	关键信息/使用技巧	回应/介入思路解析
服务对象:	我记得。		
工作者:	所以我提议我们接下来讨论的安全计划是基于这两个条件下我们主动保障自己的安全,您同意吗?	强调	
服务对象:	同意。		
工作者:	好,那或者我们看看现在最新的安全计划的效果,再看要不要做调整。您觉得呢?		根据最新的决定,修改安全计划
……(安全计划讨论过程,略)			
工作者:	我们可以先按照这个计划来做,每隔1个月检查一下效果,希望可以帮您更好地维持现在安全的家庭生活。		
服务对象:	嗯,我觉得可以,其实这样讨论了以后,我也没有那么担心了。我一开始真的还担心你会不赞成我这样做,真的很谢谢你支持我。		

续表

人物	具体内容	关键信息/使用技巧	回应/介入思路解析
工作者：	我也很开心您觉得我跟您的讨论有帮助。其实我也协助过很多妇女留在婚姻里，有不少家庭也有很好的改变。您会想和她们聊聊吗？或许会对您有新的启发。	自我表露，邀请与鼓励	鼓励服务对象参加互助小组，强化非正式支持系统
服务对象：	可以吗？她们会不会不愿意说啊？之前听你说到过跟我有同样遭遇的妇女，我其实有怀疑是不是真的有这些人也跟我一样遇到这些事。		
工作者：	（微笑）嗯，其实我们一直有开设妇女互助小组，会经常做茶话会、瑜伽、画画、花艺等活动，参加者都是和您有相同经历的妇女。大部分参加过这些活动的妇女的反馈都挺好，觉得自己不是孤单一个人在努力。她们也能在活动里面放松心情和抛下烦恼，拿不准的决定也有人可以一起跟您讨论。		介绍妇女互助小组
服务对象：	听起来活动也挺丰富的，是一堆人一起吗？要一直参加吗？		

续表

人物	具体内容	关键信息/使用技巧	回应/介入思路解析
工作者：	我们有不同活动，有些是灵活参加，有些是规定要坚持长期参加，您可以根据您的情况来选择，下周二上午我们就有一次瑜伽课，您可以来试试，感受一下。		介绍妇女互助小组
服务对象：	好啊，我还蛮想学一下瑜伽的。		
工作者：	那我等下把活动信息发给您，您回去慢慢准备就行。		
服务对象：	好，谢谢。		

6. 结案与评估

评估个案达成目标的状况，是结案的重要环节。工作者可以使用附录 A 中表 10 和表 11 共同进行结案评估和服务效果反馈，与服务对象从结果、过程、满意度等层面进行结案讨论。

（1）目标达成情况

个案后期，服务对象迈进"维持期/康复期"阶段，符合结案标准。工作者向服务对象预告结案，与服务对象共同检视个案目标达致程度，服务对象认同个案目标已达成并同意结案。

服务对象面对的家暴危险程度很低：服务对象已没有遭受暴力达半年以上，对家暴的严重性认知清晰，具备自我保护意识及能力，熟悉如何运用社会保护资源。

服务对象及孩子的情绪状况已有明显改善：服务对象和孩子获得专业心理服务，得到非正式及正式支持，睡眠困扰、惊恐不安等创伤反应及情绪困扰情况有所减少。

服务对象自主意识及效能感提升：服务对象习得解决问题的步骤和技巧，相信自己可以应对日后生活上的问题，也明白日后有需要时，可以随时再向工作者求助。

服务对象重获无暴力生活：服务对象已决定婚姻去留的问题。一方面正在办理离婚和儿子转校等事务；另一方面也找到新的住所和接受就业援助服务，开始适应新的生活。

(2) 复原历程回顾

工作者邀请和引导服务对象回顾自己迂回渐进地达到短、中、长期目标的个案历程，赞赏自己一路以来的努力和改变；同时，工作者亦从服务对象的反馈中了解哪些技术和事件，增强或限制了个案的发展，回顾从以下几方面进行。

处于安全的环境：服务对象认为安全是自己复原的起点。当处于受暴情境时，必须用很大的能量担忧自己的安危和防卫暴力的伤害。当向外界求助后，暴力风险逐渐降低，用于觉察自己情绪和感受的能量才越来越多。

对责任的承担：服务对象深刻明白到让自己安全是自身应尽之责，而自己勇于向外界求助、争取家人的支持和理解、主动与他人再联结、友善地接受他人援助，是自己在反复不定的状态下坚持前行的重要力量。

希望的注入：在暴力关系中进进出出、主张反复、情绪波动，服务对象多次感到气馁及绝望。在工作者的鼓励和支持下，通过瑜伽小组成员的相互扶持，幸存者亲身讲述经历，服务对象从一个新的或被忽略、遗忘的角度看自己和问题，看见希望，重拾信心。

有效的专业关系：助力复原的另一个因素是服务对象感受到被爱的氛围。服务对象坦露在与工作者的互动中逐渐减低自我防卫心态，通过被鼓励表达任何情绪和感受，扩充了自我觉察，使自己努力去接受和相信自己是一位能够正向改变的有价值的人。

7. 回访

工作者在个案结案三个月后，回访服务对象，了解改变成效，从以下几个方面进行探讨。

（1）对暴力保持警惕

服务对象已离婚并获得两个儿子的抚养权。服务对象坚持执行离婚安全计划，教导儿子和亲友不泄露她的新住址和新工作信息，与学校老师合作避免"抢孩子"风险发生。

（2）自我调整

服务对象明白两个儿子与父亲有无法切割的关系，选择接受和放下过去的经历，克服对前夫的恐惧，希望以儿子亲情为纽带，能与前夫建立安全、平等的互动关系。

8. 延伸思考

- 你所在的地区和组织，能为家暴受害人提供何种服务？还有哪些服务是急需但缺乏的？
- 我们可以通过什么方式倡导发展这些服务？

（二）未成年人受暴个案[①]

1. 问题思考

在阅读案例前，请先回顾本手册第一、二章的内容，同时思考以下问题：

- 你对儿童性侵犯的价值取向是什么？有哪些与儿童性侵犯相关的个人成长经验？
- 针对儿童的家庭暴力有哪些？
- 什么是强制报告制度？
- 在处理儿童遭受暴力个案中，有什么实务问题必须留意？

在进入案例阅读之前，请熟悉以下问题，并在阅读的过程中同步思考：

- 工作者减少未成年被害人受到二次伤害的工作要点有哪些？
- 工作者采取了何种介入模式？主要工作内容是什么？
- 在多部门联动中，各部门发挥了什么作用？工作者的角色及功能是什么？
- 工作者从哪些方面实现儿童权益最大化？
- 尝试从角色、策略、流程、技巧等方面，评估工作者的服务表现，并列出受启发和需要改善的地方。

[①] 本个案由真实个案改编而成，为保护个案隐私，对关键信息（如姓名、年龄、部分暴力情节等）进行了处理。

2. 个案来源

受害人倩怡（化名）在夏天的某个下午遭到了来自父亲的性侵犯，导致下体出血。倩怡感到疼痛难忍，在晚饭时向奶奶透露了这一情况。爷爷和奶奶随即带她到医院就诊。经妇科医生检查，孩子被诊断出有阴道撕裂伤。面对医生的询问，孩子声称伤口是因撞击造成的。

医生怀疑孩子可能遭受了性侵犯，且接受过强制报告培训，他按照相关制度要求进行了报警处理。根据检察院提前介入的规定，为保障未成年人权益并减轻对未成年被害人的二次伤害，公安及检察部门启动一站式办案机制，并委托A城民政局未成年人救助保护中心（后称"A城未保中心"）协办此案，A城未保中心工作人员（后称"A城未保工作者"）随即介入跟进。

个案自2018年8月开展，历时3个月，后转介至B城民政局未成年人救助保护中心跟进。

3. 资料收集与评估

（1）基本资料

服务对象（受害人倩怡）：女，8岁，小学二年级，父母在其3岁时离异，离异后由父亲抚养，事发前与父亲、爷爷及奶奶一起居住。

服务对象父亲（加害人）：38岁，A城人，无固定职业，收入不详，酗酒、赌博、脾气暴躁。

服务对象母亲：36岁，B城人，与服务对象父亲离异后回到B城工作，从事销售，月收入5000—6000元，平日常与服务对象有电话及视频联系。

服务对象祖父母：60余岁，均已退休，身体健朗，与服务对象、服务对象父亲同住，为服务对象主要照顾者。

● 家谱图分析（见图 6-4）

服务对象与父亲、爷爷和奶奶同住，遭受来自父亲的肢体暴力、言语暴力和性侵害。

服务对象与爷爷奶奶关系和谐。但在服务对象笔录问询结束、加害人被公安拘留后，爷爷奶奶对服务对象态度有所疏远，认为"再怎么样也不应该让自己的爸爸坐牢"，又因对服务对象感到愧疚不知如何面对服务对象，提出希望服务对象随其母亲生活。

服务对象与母亲感情深厚，服务对象母亲十分疼爱服务对象，但由于服务对象母亲工作繁忙，两人甚少见面。

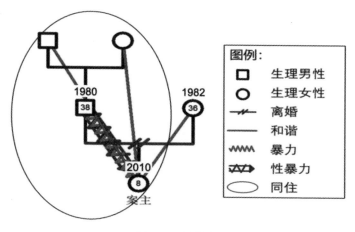

图 6-4　家谱图

● 社会生态图分析（见图 6-5）

中间圈是服务对象的家庭内部和非正式支持资源，其他圈是服务对象的潜在及已初步建立联系的正式支持资源。

服务对象的社会支持系统少且弱，需要进一步为其搭建正式社会支持网络。

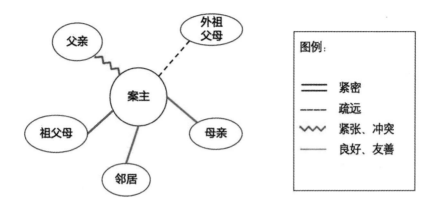

图 6-5 社会生态图（接受个案管理服务前）

（2）风险评估

A 城未保工作者使用附录 D 中的《未成年人受监护侵害程度评定参照表》（民政部制）检视服务对象目前遭受的监护侵害程度，量表评估结果为"极危"。

受暴类型、施暴频率及持续时间

服务对象的受暴类型主要为身体暴力、语言暴力和性暴力。暴力均来自父亲，性暴力持续时间约四个月。

● 第一次受暴

身体暴力：服务对象记不清第一次受暴是什么时候，据服务对象爷爷奶奶反馈，第一次看到服务对象父亲打骂服务对象是在服务对象 6 岁的时候。那年服务对象刚上小学，因为学校老师反馈服务对象比较调皮，坐不住，服务对象父亲用塑料尺鞭打服务对象屁股。

性暴力：根据公安机关调查，服务对象 8 岁时开始遭受性侵犯。

● 重大受暴事件

身体暴力：报案前约一个月，因为服务对象完成作业速度慢、错误率高，服务对象父亲让服务对象在家门外罚站，让其想不通题目不要进门，服务对象感到恐慌，在家门口大哭不止。为了让服务对象闭嘴，服务对象父亲使用尺子鞭打服务对象身体，在闻声而来的邻居的劝解下停止施暴。

性暴力：报案前的当日下午，服务对象父亲对服务对象实施性侵，导致服务对象身体受到伤害，服务对象被送往医院就诊。

● 最近一次受暴

身体暴力：服务对象在与工作者第一次会谈的数天前因不想做作业，遭到服务对象父亲掌掴，随即服务对象大哭，爷爷奶奶出来劝阻和安抚服务对象。

性暴力：最近一次性暴力同上述"重大受暴事件"。

● 其他风险因素

服务对象的其他家庭成员支持能力不足。案发后，爷爷奶奶的表现前后不一致，对性侵事件的性质和危害程度认知不足，不愿意学习儿童性侵害创伤知情照顾所需的教养技巧，难以为服务对象提供合适的照顾。

● 过往求助经验

服务对象年龄尚幼，缺乏正式的社会支持网络，也没有能力保护自己，更多是依靠爷爷奶奶、邻居等非正式资源的保护才能制止父亲的暴力管教。同时，出于对性侵犯事件性质的不完全理解及对父亲的恐惧，服务对象不懂如何向外界求助，在爷爷奶奶带其就医前，未曾向其他人提起过。

（3）需求评估

A 城未保中心牵头组织多部门联席会议，结合由 A 城未保工作者完成的社会调查报告以及服务对象和服务对象母亲的想法，围绕服务对象的生活风险和生活需求进行评估。

身心安全：由于性侵害造成身体伤害，服务对象需得到密切照顾以恢复身体健康，定期到医院复诊以及后续检查生殖健康及避孕。加害人已被公安机关立案拘留，服务对象人身安全暂时得到保障。由于服务对象爷爷奶奶对事件持负面态度，因此需要及时将他们与服务对象隔离，预防家庭内部对服务对象的谴责或排斥等二次伤害风险。

抚养照料：服务对象母亲作为服务对象的法定监护人，① 具有继续抚养服务对象的意愿及能力，服务对象也表示愿意跟随服务对象母亲生活。A 城未保工作者需要与服务对象母亲讨论制定服务对象的短期和长期照顾计划，并且协助服务对象适应未来生活。短期计划指在服务对象父亲拘留、服务对象爷爷奶奶被暂时与服务对象隔离后，服务对象的监护照料方案的制定和执行。长期照顾计划指包括变更监护人、随新监护人生活和继续学业等安排。

心理健康：服务对象已出现睡眠困扰、缺乏安全感、抗拒与加害人特征形似的男性接触等显著创伤反应。A 城未保工作者及服务对象母亲需密切观察服务对象是否出现自我伤害、自杀等倾向，需接受长期心理治疗。

---

① 《中华人民共和国民法典》第二十六条第一款："父母对未成年子女负有抚养、教育和保护的义务。"第二十七条第一款："父母是未成年子女的监护人。"第一千零六十八条："父母有教育、保护未成年子女的权利和义务。未成年子女造成他人损害的，父母应当依法承担民事责任。"第一千零八十四条："父母与子女间的关系，不因父母离婚而消除。离婚后，子女无论由父或者母直接抚养，仍是父母双方的子女。离婚后，父母对于子女仍有抚养、教育、保护的权利和义务。"

法律维权：服务对象及服务对象母亲需要明白事件后续可能的发展方向及面临的情况，获得伤情鉴定、法律援助、司法救助金、案件保密及剥夺监护权等司法保护。

家庭支持：服务对象需要来自父亲家庭（祖父母）的支持和减少伤害。家属需正确认识到监护人性侵害儿童事件的性质和对服务对象的深远影响，获得情绪支持以及妥善处理事件的建议和协助。

（4）资源评估

个人层面：经评估，服务对象认知及表达能力正常，自我保护意识及能力尚未完全建立，尚未认识到事件性质及严重性从个人层面来讲有助于更快地恢复创伤。

家庭层面：事发后服务对象母亲已第一时间赶到 A 城 "一站式"保护中心照顾服务对象，表示愿意抚养服务对象。

非正式支持系统层面：主要以服务对象母亲、外公外婆、爷爷奶奶为主。

正式支持系统层面：一方面，公安机关、检察院等部门，在取证、提起公诉上保障服务对象司法权益。如服务对象家里经济条件困难，可申请司法救助金回应服务对象经济上的需求；另一方面，民政、妇联、团委、教育等职能部门，为服务对象提供社会救助、心理咨询、隐私保障及转校事务等协助。法律援助律师、A 城未保工作者等为服务对象提供法律咨询、个案管理服务。

4. 个案目标

- 服务对象脱离暴力伤害，获得安全、适宜的家庭照顾；
- 加害人依法接受惩处；
- 服务对象及家庭建立社会支持网络，获得综合救助保护；
- 服务对象及家庭重建生活。

5. 服务介入与实施

（1）启动联合调查及即时保护，保障服务对象身心安全

一站式问询：服务对象在接受初步治疗后，由 A 城未保工作者陪同前往 A 城民政部门的"一站式"保护中心，接受包含同步录音录像问询、验伤取证、心理辅导在内的联合调查。"一站式"调查团队由 A 城未保工作者、警察、检察官、法医及心理医生组成，在确保证据保全时效性的同时，尽可能减少服务对象在各部门、机构之间奔波；降低求助成本之余，也减少服务对象回忆和复述遭受暴力情形的次数，从而减少并降低服务对象受到二次伤害的可能性和程度。

提供合适成年人服务：服务对象母亲来到现场后，司法机关征得服务对象母亲同意，及时委托 A 城未保工作者作为合适成年人陪同服务对象接受"一站式"询问。在服务对象接受问询取证前，A 城未保工作者介绍自己的身份，并与服务对象建立专业关系。A 城未保工作者评估服务对象的心理状态并确认其认知水平适合接受问询。为了确保服务对象理解何为问询和验伤，未保工作者用服务对象能够理解的语言解释其目的和程序。服务对象被告知，在听不懂问题、不确定答案或者不愿回答的时候，可以选择不做回应。问询取证结束后，A 城未保工作者也通过游戏辅导的方法及时疏导服务对象情绪。

拘留加害人：取证结束后，A 城公安机关与检察部门初步整理分析案情，并因高度怀疑涉嫌犯罪行为而决定启动刑事立案侦查程序。一方面，警方将疑犯带至辖区派出所拘留并进行讯问；另一方面，着手搜集和固定服务对象祖父母、邻居、老师等在内的证人证词以及案发现场的物证。

变更抚养权：A 城未保工作者协同民政部门完成了对加害人"撤销监护权"的程序；同时，在办案民警、检察官、法援律师的协助下，帮助服务对象母亲与加害人协商变更服务对象的抚养权，且签订符合法律规定的抚养权变更协议。

短期安全计划：A 城未保工作者积极聆听服务对象母亲的看法和疑虑，与服务对象、服务对象母亲共同讨论并制定短期生活安排。为服务对象母亲提供帮助和资源，包括协助服务对象母亲理解服务对象的创伤反应，指导其如何为服务对象提供情绪支持。此外，A 城未保工作者协助服务对象母亲在此期间申请紧急救助金和专业心理治疗。

保护隐私：多部门及工作人员在办案过程中严格遵守法律规定及专业操守，对服务对象身份、案情等信息资料予以严格保密，要求相关人证及所属单位、组织签署保密协议。除相关直接参与案件调查、办理的人员外，其他人员及后续接受转介的机构均不能探查服务对象的受暴历史及受侵害经过。

(2) 协调多部门联动及统筹资源，强化服务对象保护网络

个案管理：A 城未保中心负责牵头组织多部门联席会议，链接社会救助资源，处理流程透明化；接触和争取家属（非性侵者）合作，开展服务对象社会背景调查等相关工作，积极地确认服务对象随服务对象母亲家庭生活的安全性；同时，联动 B 城未保中心为服务对象母亲及其他家庭成员提供心理支持、家庭教育指导，协助服务对象及其母亲处理转学、搬家等事宜。

司法救助：A 城检察院为服务对象提供倾斜性保护，履行提前介入与督办法定职责，保障服务对象在取证阶段不会遭受引诱提问，避免二次伤害，对公安机关取证调查提供指导，督促案件办理进度，对加害人进行批捕；以服务对象代理人身份提起公诉，履行国家亲权责任；申请司法援助金，为服务对象及服务对象母亲提供

必要的经济支持。

司法调查：A 城公安机关及时出警，与 A 城未保中心及工作者迅速启动联合问询，协助受害人鉴定伤情，及时固定证据。同时主导案件调查，依法追究加害人服务对象父亲的法律责任，并协助服务对象母亲完成与加害人协议变更抚养权。

就学安排：经多部门联席会议决议，A 城教育局不向服务对象学校披露案件，由服务对象母亲出面以"服务对象身体不适"为由请假一个月。在服务对象及服务对象母亲确定生活安排后，为她们提供转学咨询，协助服务对象母亲在案件保密的基础上与 B 城教育局沟通处理转学相关事宜。

医疗服务：卫健部门邀请心理专家，为案件主要成员单位的工作开展提供心理治疗建议；与 A 城未保工作者、服务对象母亲共同制定服务对象的长期心理治疗方案，确定链接 B 城三甲医院儿童心理医生负责创伤评估及临床治疗，由工作者负责创造及维持创伤知情环境。

生活融入：B 城未保中心在服务对象随服务对象母亲定居和转学到 B 城后，接受 A 城未保中心转介个案，持续关注服务对象与服务对象母亲、外祖父母之间的互动情况，为服务对象提供正向社会互动融入的相关服务活动，如协助服务对象复学、参与青少年小组、社区活动，为服务对象母亲提供情绪及家庭教育支持。

(3) **关注赋权增能生活重建，促进服务对象及家庭创伤复原**

优势视角取向：A 城未保工作者始终表达平等、尊重、合作的态度，积极聆听服务对象及家人对性侵害和虐待事件造成的负面经验和现实痛苦，邀请服务对象及家人在整个个案过程中参与做决定，创造机会让服务对象及家人展现、觉察和善用个人及家庭的优势、力量和资源，从而让服务对象及家人更有勇气和信心面对伤痛和困境。

制定长期照料计划：计划内容包括协助服务对象及家属面对法庭审讯和判决结果；协助服务对象母亲履行监护责任和提升其支持服务对象的能力；协助处理上学安排和适应新的生活环境；协助服务对象及家人处理性侵害造成的负面影响；落实避免再次遭受性侵害的安排；协助缓解服务对象母亲的经济和照顾压力。

服务对象心理治疗：服务对象遭受到严重性侵害且伴有长期持续性多种形式的暴力对待，心理医生及A城未保工作者评估服务对象需要接受长期深度心理治疗，采用游戏、艺术等多元化治疗方法。治疗的目标是修复安全依附，稳定服务对象身心状态和减轻创伤症状，协助服务对象处理负面情绪和纠正负面看法，学习情绪调节技巧，提升个人掌控感。

家庭心理支援：性侵害事件不仅对服务对象造成负面影响，而且也给整个家庭造成创伤。因此，在家庭层面，A城未保工作者主要协助与服务对象同住的服务对象母亲处理情绪上受到的冲击、对加害人的复杂感受和由儿童虐待和性侵害事件产生的负面看法，让家人理解服务对象受到性侵害和长期虐待后的反应、变化和需求，并回应他们的疑虑。

家庭教育指导：A城未保工作者使用服务对象及服务对象母亲熟悉的生活语言进行辅导，尤其是指导服务对象母亲学习理解协助服务对象疗愈创伤的相关知识和技能，提升包括问题解决、正向教育、健康照料、安全及紧急反应、压力管理和自我控制等方面的亲职能力，让服务对象母亲能够向服务对象表达相信、肯定和支持，支援家人保护和培育服务对象的复原力。

A城未保工作者在A城"一站式"保护中心儿童咨询室与服务对象见面。本次会谈主要呈现了两个部分，一是向服务对象说明在"一站式"保护中心内要经历的程序，初步与服务对象建立专业关系；二是提供合适成年人服务，营造安全的问询环境。

表6-4为A城未保工作者与服务对象的对话节选。

表 6-4　未保工作者与服务对象的第一次会谈（节选）

人物	具体内容	关键信息/使用技巧	回应/介入思路解析
面谈开始，工作者主要与服务对象谈论日常生活话题，消除服务对象的紧张感和不安全感；同时通过沟通，评估服务对象的表达能力及认知水平，测试服务对象是否懂得分辨何谓真话、何谓假话，判断服务对象是否适合接受问询。			
工作者：	倩怡，你知道今天过来是要做什么吗？	直接询问	知情同意
服务对象：	妈妈说是来跟警察叔叔聊天的。	服务对象对笔录情况了解程度有限	
工作者：	嗯……要跟警察叔叔聊天，倩怡感觉怎么样？	即时性 尊重	以受害人为中心，了解服务对象感受，创伤知情原则（允许儿童有机会表达关于这个环境有什么让其感到安全或不安全）
服务对象：	有点怕。		
工作者：	是什么让你害怕？	具体化	
服务对象：	（沉默）……警察叔叔。		
工作者：	你愿意告诉姐姐，你是因为什么害怕警察叔叔吗？	具体化	
服务对象：	（沉默）……（小声说）像爸爸。	创伤反应	
工作者：	嗯，倩怡不用害怕，我们不和警察叔叔聊，我们和警察阿姨聊，你觉得可以吗？	尊重	知情同意原则、伤害最小原则
服务对象：	（点头）		

续表

人物	具体内容	关键信息/使用技巧	回应/介入思路解析
工作者：	等一下，警察阿姨、姐姐会和你一起去一个新的房间，妈妈会在房间外面等你。那个房间是白色的、有一张大桌子和几把椅子，还有一面很大的镜子。警察阿姨会问你一些关于爸爸的事情。你会觉得紧张吗？（服务对象点头）那我们带上狗狗和小鸭去，你会不会没那么紧张？（服务对象点头）		知情同意原则、创伤知情原则（允许儿童将那些带来平静与抚慰的物品带进环境中）
工作者：	倩怡真是个勇敢的孩子。如果警察阿姨问到一些你听不懂或者不知道怎么回答的问题，就跟姐姐说，不想回答的，我们就不说，好不好？	赞赏、尊重	知情同意，强调笔录规则
服务对象：	好。		
工作者：	倩怡说的话，负责保护倩怡的叔叔阿姨、哥哥姐姐会知道，但是我们不会告诉其他人，爷爷奶奶、倩怡的老师和同学也不会知道。	解释	承诺有条件的保密
服务对象：	嗯。		

续表

人物	具体内容	关键信息/使用技巧	回应/介入思路解析
征得服务对象和监护人（妈妈）同意，同步录音录像问询开始。（服务对象基本信息问询过程略，此过程中服务对象认知及对答能力无异、情绪稳定）			
女警：	倩怡，接下来由姐姐来问你问题，你同意吗？		知情同意原则
服务对象：	嗯，好（抱紧玩偶，紧张）。		
女警：	倩怡现在感觉怎么样？会害怕吗？	情感反映	
服务对象：	嗯（仍然抱紧玩偶）。		
女警：	紧张是很正常的，你抱着这个玩偶会觉得好些吗？		让服务对象明白她的情绪是被接纳的，也是正常的反应；确认环境中能协助服务对象稳定情绪的要素
服务对象：	嗯，会。		
女警：	好，如果接下来你觉得不舒服或者不想回答问题，你就跟我说，你明白吗？		
服务对象：	明白。		

续表

人物	具体内容	关键信息/使用技巧	回应/介入思路解析
女警：	今天倩怡受伤了，倩怡可以把事情从开始到结束都说给姐姐听吗？	具体化	查问最近一次性侵事件
服务对象：	我在做作业，爸爸说我不认真要惩罚我，然后……爸爸就对我动手动脚。		
女警：	"爸爸动你哪里？"	具体化	
服务对象：	尿尿那里。		
女警：	刚刚倩怡说爸爸弄你尿尿的地方？你可以用桌面的两个娃娃，把爸爸对你做的动作做一遍吗？	具体化，借用道具	
服务对象：	（脱掉道具女孩娃娃身上的衣服，把女孩娃娃放平在桌面，再拿起男孩娃娃脱掉裤子，撞女孩娃娃。）		
女警：	爸爸是用什么方式呢？（指着女孩娃娃生殖器部位）你可以用这个男孩娃娃指出来吗？	具体化，借用道具	

续表

人物	具体内容	关键信息/使用技巧	回应/介入思路解析
服务对象：	（指着男孩娃娃的生殖器部位。）		
女警：	爸爸除了说要惩罚你，还对你说了什么吗？	开放式问句	
服务对象：	……爸爸说如果我跟别人说这件事就不要我了（哽咽）。		
女警：	爸爸和你是在哪里？	具体化	
服务对象：	爸爸的房间。		
女警：	发生这些事情的时候是几点钟？	具体化	
服务对象：	吃了午饭之后。		
女警：	这是爸爸第一次这样对你吗？	封闭式问句	查问性侵历史
服务对象：	（摇头）		
女警：	倩怡有把爸爸做这样的事情告诉其他人吗？	封闭式问句	查问求助情况
服务对象：	（摇头）我不敢……害怕爸爸把我关在外面（小声哭泣）。		

续表

人物	具体内容	关键信息/使用技巧	回应/介入思路解析
女警：	那倩怡就一直自己保守着这个秘密，有什么感觉，会不会害怕，好想哭？（服务对象点头）	同理反应，即时性	确认服务对象感受
	（尝试与服务对象进行肢体接触，在服务对象不抵触的情况下轻拍服务对象肩膀，轻握服务对象双手）姐姐还可以继续问吗？（服务对象点头）倩怡记得爸爸第一次对你做这种事情是什么时候吗？	安抚、尊重	以受害人为中心、伤害最小原则
服务对象：	不记得。		
女警：	那个时候是穿短袖衣服还是长袖衣服呢？	借用参照物	
服务对象：	短袖。		
女警：	是在上学的时候还是寒暑假的时候？	借用参照物	
服务对象：	上学。		
女警：	会在哪里发生？	具体化	
服务对象：	在家里。		
女警：	在家里的哪里？	具体化	
服务对象：	爸爸的房间。		

续表

人物	具体内容	关键信息/使用技巧	回应/介入思路解析
服务对象受性侵历史问询过程略。工作者依次询问了服务对象"第一次/最早""最害怕/印象最深刻/最不一样的一次"性侵事件的过程。询问每次事件时,均包含以下五要素:事件(what)、方式(how)、地点(where)、人物(who)、时间(when)。			
女警:	刚刚医生姐姐说看到你身上还有一些伤痕,你能告诉姐姐这些伤痕是怎么造成的吗?	具体化	继续查问儿童被虐待情况
服务对象:	爸爸打的。		
女警:	爸爸还有打你,还记得是什么时候的事情吗?		
服务对象:	不听话,不做作业。		
女警:	爸爸说你不听话、不做作业,然后他就打你,是吗?	澄清	
服务对象:	嗯。		
女警:	嗯,会用什么打?		查问暴力形式
服务对象:	手、尺子,啪啪(拟声词)。		
女警:	打得这么响,你觉得很痛,对不对?(服务对象点头)打了哪里?	同理,具体化	反映服务对象感受

续表

人物	具体内容	关键信息/使用技巧	回应/介入思路解析
服务对象：	这里（指屁股、手臂、大腿）。		查问伤势位置
女警：	会不会破皮和肿起来呀？（服务对象点头）爸爸打你的话，你怎么办呢？		查问伤势，查问服务对象应对方式
服务对象：	爷爷奶奶会来抱我。	亲属保护	
女警：	然后呢？	具体化	查问效果
服务对象：	爸爸就不打我了。		
女警：	爸爸打了你那么多次，你最怕爸爸的那一次是哪次？	具体化	查问最严重一次受虐
服务对象其他受暴历史问询过程略。			
女警：	倩怡也一直很勇敢，坚持跟姐姐聊了这么久。今天我们也聊得差不多啦。最后，姐姐告诉倩怡，发生这些事情不是倩怡的错，不是因为爸爸说倩怡不听话、不做作业，是爸爸的错。倩怡勇敢地把事情说出来，你做得很好。	赞赏、肯定	强调事件发生不是服务对象的责任

本次面谈聚焦于处理服务对象母亲的情绪困扰、指导服务对象母亲对服务对象做出恰当反应，并对多部门联动工作程序予以说明，见表 6-5。

表 6-5　A 城未保工作者与服务对象母亲的第一次会谈（节选）

人物	具体内容	关键信息/使用技巧	回应/介入思路解析
工作者：	倩怡妈妈，我知道刚刚我的同事已经跟你说明了这件事。		
服务对象母亲：	是。		
工作者：	你会不会有什么想法要和我聊一下？我愿意帮你分担。	直接引导	
服务对象母亲：	……谢谢……我觉得……我不知道该怎么说（哽咽）。		
工作者：	没关系，我们可以慢慢来（安抚服务对象母亲），我接下来会用几个问题帮助你讲出来，你可能会觉得这些问题有点奇怪，不过我也希望你可以试着回答一下，可以吗？	直接引导	情绪疏导，给予服务对象母亲时间平复情绪
服务对象母亲：	好。		

续表

人物	具体内容	关键信息/使用技巧	回应/介入思路解析
工作者：	我们现在一起想象有个温度计，用来测量你现在的感受，温度计有十个刻度，最低为1摄氏度，代表你现在的心情非常差，可能还有自杀的想法，中间是5摄氏度，代表还不算差，最高为10摄氏度，表示你很开心快乐。你觉得你现在的心情是几摄氏度？	示范，刻度问句，情绪温度计	通过提问技巧、参照物引导服务对象母亲表达感受想法
服务对象母亲：	（沉默、思考了约两三分钟）我想……可能是……3摄氏度。		
工作者：	你刚刚想了几分钟，我看到你想得很认真。你刚刚想到什么令你觉得是3摄氏度？	刻度问句	协助服务对象母亲具体化感受和想法
服务对象母亲：	我一想到……我就……她那么小，是她亲爸爸啊，他怎么会下得了手！为什么会这样？（哽咽）……我当初坚持带走她，就不会这样了。我……我真的……我的心好痛（捂着胸口，呼吸急促）。		

续表

人物	具体内容	关键信息/使用技巧	回应/介入思路解析
工作者：	（轻拍服务对象母亲肩膀，小声地提醒服务对象母亲）慢慢呼吸，我们慢慢说。	呼吸法	协同服务对象母亲调节情绪
服务对象母亲：	……我为什么这么久都没发现，被打的时候她得多痛……她一定很害怕……可是我都没在她身边保护她……（放声哭泣）。		
工作者：	是啊，发生这样的事情，我们都很难过，你一定更加心痛……（递纸巾给服务对象母亲，轻拍服务对象母亲肩膀，耐心等待服务对象母亲平复情绪）。	安抚、情感反映	同理服务对象母亲感受，协同服务对象母亲调节情绪
服务对象母亲：	怎么办啊，我能怎么办啊？……都是我的错啊……（持续哭泣）。		
工作者：	我相信你是很疼爱情怡的妈妈，犯错的是爸爸，你和情怡都没有错。过去的伤害我们无法挽回，但是未来你能够尽可能地去保护她、给予爱和支持，相信她会好起来的，一切都还来得及（轻拍服务对象母亲肩膀，牵起服务对象母亲一只手，给予能量支持，耐心等待服务对象母亲平复情绪）。	肯定、安抚	强调犯错的是加害人，注入希望

续表

人物	具体内容	关键信息/使用技巧	回应/介入思路解析
服务对象母亲：	（持续哭泣，数分钟后情绪有所平复。）		
工作者：	确实一时间很难去接受这件事，可能接下来一段时间你都会有伤心、自责、痛苦等等这些感觉，都是很常见的。不过一个月之后你还是会觉得自己控制不住地伤心难过，如果你愿意告诉我，我会和心理医生谈谈，我们尽量帮助你感觉好些。 现在我可以教你一个方法安抚自己。你跟我做，将手覆在肚脐下方的肚子上，用鼻吸气的时候撑起肚子，用嘴呼气的时候收缩肚子，你可以用手感受肚子的起伏。呼气的时间最好比吸气长3倍。我们一起试一下？	解释，平常化示范	创伤知情，让服务对象母亲明白自己的情绪反应是正常的，也是有方法调节的
服务对象母亲：	（跟着工作者进行练习）		
工作者：	你感觉怎么样？身体有哪些变化？例如心跳、体温、肩颈等部位。	具体化	对服务对象母亲变化保持好奇心

第六章 典型案例分析

续表

人物	具体内容	关键信息/使用技巧	回应/介入思路解析
服务对象母亲：	心跳好像没那么快，没那么觉得热，整个人轻松一些。		
工作者：	这个是"腹式呼吸法"，可以帮你调节情绪，放松大脑和身体。你是倩怡一个很重要的支持，其实你自己也要关怀自己的感受和需要。如果接下来我们聊天的过程中你觉得不舒服，你可以告诉我，然后我们可以停下来，再做一下这个练习。	解释	创伤知情，提示服务对象母亲在照顾女儿之前，需要先照顾好自己
服务对象母亲：	好，谢谢你。		
工作者：	刚刚倩怡已经录完口供，之后就会由检察官和办案民警他们去跟进处理，而我这边的目标是帮助倩怡感到安全和继续健康地生活。（服务对象母亲点头） 刚刚录口供的时候，倩怡其实也表现出了一些创伤反应，例如她比较没有安全感，抗拒和男性接触，表达自己的情绪和感受会有些障碍。根据我们的经验呢，好多孩子也会出现失眠、做噩梦、惊醒、食欲差、害怕自己独处、过度警觉等情况。	解释，自我表露	说明不同工作者的工作重点与分工；创伤知情，协助服务对象母亲辨识和理解服务对象的创伤反应

续表

人物	具体内容	关键信息/使用技巧	回应/介入思路解析
服务对象母亲：	……那……怎么办？		
工作者：	我会建议倩怡接受心理治疗。	建议	
服务对象母亲：	……不好意思，我不懂这些，这些真的有用吗？		
工作者：	嗯，我们过往都帮助不少受到伤害的孩子接受心理治疗，整体来说效果都挺明显的。或者我讲解一下做法，我们会找专业的儿童心理治疗医生，他们会用一些游戏、画画、手工、讲故事等方法，帮助倩怡改善状态，例如睡眠不安、行为改变以及恐惧等等，处理创伤事件的记忆，提升安全感和自信心，恢复到健康的生活状态。	自我表露，具体化，一一解释方法及功能	
服务对象母亲：	哦，那什么时候做啊？		

续表

人物	具体内容	关键信息/使用技巧	回应/介入思路解析
工作者：	如果你同意倩怡做心理治疗，我们会联系心理医生，医生会先帮倩怡做个评估，然后我们会根据评估的结果制定治疗方案，包括什么时候开始、治疗几次、用什么方法等等，这些都会提前跟你们确认过再进行。	解释	让服务对象和服务对象母亲能预期工作者将会进行哪些工作，并且了解自己有权利参与心理治疗服务方案的讨论
服务对象母亲：	好，我先考虑一下。		
工作者：	嗯，你可以再和倩怡商量一下。另外，有些家长会担心费用问题，如果倩怡接受心理治疗，我们本身有这部分的服务内容，所以是免费的。	解释	
服务对象母亲：	是啊？我一直以为要收钱，你知道我们这些普通打工者……工作者：	我们都很明白，所以你不用担心费用的问题。	

续表

人物	具体内容	关键信息/使用技巧	回应/介入思路解析
服务对象母亲：	好啊，谢谢你们。		
工作者：	不客气。另外，如果可以的话，无论倩怡接不接受心理治疗，我想请倩怡妈妈你用这个本子写日记，记录倩怡发生的改变，行为上、说话上、情绪上都可以。这些日记可以帮助我们去持续了解、评估倩怡的情况，同时也可以帮助你去观察倩怡在行为或举止上的改变，你也可以在日记里面写下你的想法和感受。	建议，情绪日记	创伤知情，协助服务对象、服务对象母亲讨论情绪安全计划，并提出一些可行的建议
服务对象母亲：	我想问，除了心理治疗，我还可以做些什么？		
工作者：	倩怡妈妈你很有意识，除了心理治疗，我也鼓励你可以平时和她一起多做点开心有趣的事，比如去公园、爬山这类接触大自然的户外活动，听音乐、唱歌，或者其他倩怡喜欢的活动，这些都会有助于她和你减压。做一些开心的事情来开始和结束一天，这样可以帮助强化你们之间的依附关系，让她获得安全感和正面支持，也可以增加新的开心愉快的生活经验。	赞赏、建议、解释	为服务对象母亲提供一些帮助服务对象调解心绪、增强母女依附关系的方法、建议

续表

人物	具体内容	关键信息/使用技巧	回应/介入思路解析
服务对象母亲：	我明白了，那如果之后出现你之前说的那些反应呢？是不是就要去看医生？		
工作者：	首先，这些反应都是常见的，我们也不用刻意不让这些反应发生，这些都会慢慢改变。如果倩怡的情况有变化，最好和心理医生沟通，我们可以及时调整治疗方案。	解释、建议	让服务对象母亲对变化有预期，有信心
后续说明多部门联动程序过程略。			

在召开服务对象个案的第二次联席会议的前一天，A 城未保工作者到 B 城进行家访，与服务对象和服务对象母亲进行面谈。本次会谈目标聚焦于了解服务对象近况及身心治疗效果、解释案件处理程序、保障服务对象及监护人知情同意、回应服务对象及家庭的需求，以及讨论制定生活安排计划，见表 6-6。

表 6-6　A 城未保工作者与服务对象的第三次会谈（节选）

人物	具体内容	关键信息/使用技巧	回应/介入思路解析
面谈刚开始的过程略。服务对象分享近期生活情况，工作者评估服务对象与服务对象母亲间互动情况及服务对象母亲的监护能力。			
工作者：	倩怡，伤口还痛吗？		了解伤口恢复情况

续表

人物	具体内容	关键信息/使用技巧	回应/介入思路解析
服务对象：	（摇头）	伤口恢复良好	
工作者：	还会不会睡不着？（服务对象先点头，再摇头）啊，这是什么意思呢？	澄清	评估创伤反应
服务对象母亲：	这四次去看了林医生（心理医生）之后感觉好了些，噩梦少了，不过还是要我陪着她睡。	服务对象仍存在创伤反应，在专业介入下有好转	
工作者：	倩怡自己觉得呢？跟林阿姨见面好玩吗？		了解心理治疗情况
服务对象：	好玩，她那里有好多娃娃，也有这个（指着沙盘）。		
工作者：	嗯，待会儿我们说完之后你也可以继续玩沙盘。（服务对象笑）姐姐跟倩怡和妈妈说一下，为什么我们今天会见面好不好？	肯定、解释	
服务对象：	嗯。		

续表

人物	具体内容	关键信息/使用技巧	回应/介入思路解析
工作者：	明天姐姐要和倩怡上次见到的检察官阿姨、警察阿姨和其他叔叔阿姨一起开会聊天，想看看怎么样更好地保护倩怡，姐姐这样说倩怡可以明白吗？	澄清	请服务对象确认是否明白沟通内容
服务对象：	嗯。		
工作者：	姐姐邀请倩怡一起参加，一起聊天，倩怡想来吗？	邀请	
服务对象：	（沉默，摇头）		
工作者：	没有关系，你想要妈妈参加吗？		
服务对象：	不行（抱着妈妈）。妈妈要跟我一起。		
工作者：	哦，倩怡想要妈妈陪着你。（服务对象点头）那姐姐就一个人去开会啦。那姐姐介绍一下，我们这次会跟叔叔阿姨们聊什么，看看有什么倩怡和妈妈想问的，这样好不好？	解释	
服务对象：	好。		

续表

人物	具体内容	关键信息/使用技巧	回应/介入思路解析
工作者：	我们主要会说三件事，第一件事是警察阿姨和检察官阿姨对这件事的调查情况；第二件事是看看倩怡要和林阿姨再见几次面；第三件事是倩怡上学的问题。姐姐先说第一件事，前几天检察官阿姨和警察阿姨已经把资料交给法官啦，爸爸还被关着，不会回来。	解释	知情同意原则
服务对象：	那爸爸会坐牢吗？		
工作者：	我们不知道爸爸会不会坐牢，但是无论爸爸会不会坐牢，发生这些事情都不是倩怡的错，我们会保护倩怡不再受伤。（服务对象点头）		真诚原则，强调事件发生不是服务对象的责任
服务对象母亲：	杨姑娘，她爸爸会被判几年啊？		

续表

人物	具体内容	关键信息/使用技巧	回应/介入思路解析
工作者：	目前我也不太清楚，根据检察院的反馈，判刑可能性比较大。我们也有处理过一些案件因为证据不足，法院没有定罪的情况。 倩怡，如果爸爸不用坐牢，也不是因为别人不相信你，也不是你的错，你把爸爸做的这些事情说出来已经很勇敢了。（微笑着摸摸倩怡的头）	解释、赞赏	真诚原则，强调事件发生不是服务对象的责任
服务对象：	（点头）		
服务对象母亲：	到时候开庭的话，我们要出庭吗？		
工作者：	要看法院的要求，如果法院没有要求，你们可以自己决定要不要去。我们经办很多这类案件，很多时候法院不会要求孩子出庭。如果孩子需要出庭，我们也会提供出庭前后的准备和支持。	自我表露、建议	服务对象自决原则
服务对象母亲：	嗯，如果倩怡不需要出庭的话，那我们大人可以旁听吗？		

续表

人物	具体内容	关键信息/使用技巧	回应/介入思路解析
工作者：	如果是成年家属想去，我也会提前帮你们做准备，例如先带你们熟悉法院的空间、有什么人会出席、庭审的流程、可能会讲到什么内容等等。不过最重要还是考虑清楚你们旁听期间，倩怡由谁来暂时看护的问题。	解释	知情同意原则
服务对象母亲：	好，我们回去商量一下。		
工作者：	关于第一件事，倩怡和妈妈还有要问的吗？（服务对象与服务对象母亲均摇头）那我接着说第二件事。姐姐和林阿姨一直有沟通，不过林阿姨没有跟姐姐说你和林阿姨之间的秘密，但有说倩怡这两次都很棒。	解释、澄清	保密原则，评估创伤反应
工作者：	现在你和妈妈、外公外婆住，这与之前和爸爸、爷爷奶奶住，有什么不同呢？	对比问句	引导表达感受
服务对象：	我想和妈妈、外公外婆一起住。		

续表

人物	具体内容	关键信息/使用技巧	回应/介入思路解析
工作者：	倩怡，如果姐姐让你选一种颜色代表你和妈妈、外公外婆一起住的心情，你会选什么颜色？	具体化	
服务对象：	天空的蓝色。		
工作者：	为什么你会选天空的蓝色呢？		
服务对象：	我喜欢这个颜色，很开心。		
工作者：	现在和妈妈、外公外婆一起住，不用害怕别人再打你、不要你，所以倩怡很开心，对不对？		协助表达感受
服务对象：	（点头）嗯。		
工作者：	倩怡喜欢和林阿姨聊天吗？还会想去吗？		服务对象自决原则
服务对象：	（点头）林阿姨那边也有这个（指着沙盘），她跟我玩的游戏很好玩。		
工作者：	那我明天和林阿姨看看倩怡还要去几次哦。如果之后倩怡觉得可以不用去见林阿姨了，你也可以告诉我们哦。		服务对象自决原则

续表

人物	具体内容	关键信息/使用技巧	回应/介入思路解析
工作者:	倩怡妈妈,我刚刚简单示范了怎样帮助倩怡表达多些自己的情绪和感受。当她出现一些创伤反应的时候,你也可以试着这样帮她说出来。	示范	创伤知情原则,家庭情绪支持指导
服务对象母亲:	好,我试一下,我最近也有像你上次说的,带她去公园玩,陪她画画,好像也还可以。		
工作者:	倩怡觉得安全、舒服的事情都可以继续做。倩怡妈妈你做得很好!	肯定、赞赏	
服务对象母亲:	我都不懂,只能是做这些了。		
工作者:	我相信你已经很努力了,而且我们都看到倩怡的情况有改善,之后我会继续教你怎样帮倩怡做情绪支持。		使服务对象母亲相信努力后的变化
服务对象母亲:	好啊,谢谢你。另外杨姑娘,我想问一下是不是可以申请经济补贴?因为我现在休假,你知道我们做销售的底薪不高……		

续表

人物	具体内容	关键信息/使用技巧	回应/介入思路解析
工作者：	我也很理解你的担忧，我们都想倩怡得到更好的照顾。我会在会议上提出这个需求，尽力争取申请到司法救助金和民政部门的临时救助，另外我也正在帮你们申请另一家公益机构的紧急救助金。	同理反应，解释	儿童优先原则、以受害人为中心原则
服务对象母亲：	谢谢。		
工作者：	不用客气，除了经济补助之外，因为这次教育局也在场，也想看看倩怡和妈妈对之后上学安排有什么想法？		了解服务对象母亲对服务对象生活的安排
服务对象母亲：	其实我好担心老师和同学会不会知道这件事。		
工作者：	因为倩怡未成年，我们也很重视对这件事的保密，目前学校那边是不知道这件事的，我们这次的会议也计划讨论这个问题。倩怡妈妈你会有什么想法吗？	解释	伤害最小原则、儿童优先原则

续表

人物	具体内容	关键信息/使用技巧	回应/介入思路解析
服务对象母亲：	我不想让学校知道，然后我想帮倩怡申请休学，林医生建议先让倩怡休息一段时间，然后等她好些之后再转学来B城。		
工作者：	嗯，那我也再问一下倩怡的想法。倩怡你是想继续上学，还是不上学呢？	询问	服务对象自决原则
服务对象：	（摇头）不想上学。		
工作者：	倩怡会想之后转学去另外的学校吗？		
服务对象：	嗯（点头），我想跟妈妈一起。		
工作者：	嗯，好，我相信对于倩怡来说，之后要重新适应一个新的环境需要有准备。或者我们一起简单列一下，休学要怎样处理？转学需要准备些什么，再逐一做好计划。比如说想转去哪所学校？倩怡怎么适应新环境？是否需要校内心理老师协助？你们有什么担忧以及需要我们哪些支持等等。我们一起让这件事进行得顺利些。（商讨计划过程略，在此过程中需注重发掘服务对象及服务对象母亲的个人及家庭优势、力量和资源）	直接建议	儿童优先原则、以受害人为中心原则

图 6-6 为接受个案管理服务后服务对象社会生态图的变化。

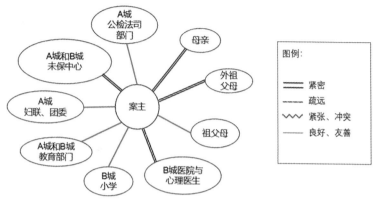

图 6-6　社会生态图（接受个案管理服务后）

6. 结案与评估

司法程序结束后，服务对象已搬至 B 城，并入读 B 城小学，进入生活重建阶段，符合结案标准。A 城未保工作者向服务对象及服务对象母亲说明结案计划，解释结案缘由是服务对象安全情况已稳定且已超出服务地域范围，并且询问服务对象及服务对象母亲是否同意将案件转介至 B 城未保中心，并一一解答了服务对象母亲对个案转介和后续服务安排的疑问。

最后，服务对象和服务对象母亲感谢 A 城未保工作者的付出与支持，认同个案目标已达成并同意转介后结案。

A 城未保工作者与服务对象和服务对象母亲共同检视个案目标的达成程度及接受服务前后的变化。

（1）服务对象受暴风险降低

服务对象已脱离暴力关系，由服务对象母亲抚养。经过司法判决，加害人亦将进入服刑阶段。同时，服务对象能够更好地运用自我保护网络，如再有类似情况出现，或加害人再度出现，服务对象会及时反馈给支持系统。

（2）服务对象情绪得到明显改善

服务对象得到专业心理咨询师支持，且在亲属陪伴下，获得安全、包容和支持，失眠、噩梦等情况已基本消失。

（3）社会支持网络得到强化

经多方介入，服务对象的正式和非正式支持网络均得到加强，服务对象及服务对象母亲知道如何获得支持和帮助，也明白日后出现新的需求，可以与B城未保中心联系。

（4）完成生活重建

服务对象母亲在个案过程中能够为服务对象提供情绪支持和安全的环境，对未来生活有一定规划，也在家庭教育指导师的帮助下不断学习育儿知识，能够较好地履行监护义务与责任。

7. 回访

A城未保工作者分别在结案一个月和三个月后与服务对象母亲联系，了解服务对象在以下几方面的近况：

（1）校园适应情况良好

服务对象与同学建立关系，且开始有玩得较好的朋友。B城的儿童关爱公益组织会为其提供适当的补习、社交活动小组，保障服务对象学习进度和社交能力的提升。现阶段服务对象学习成绩尚可，相较以前有进步。

(2) 抚养落实情况良好

服务对象母亲不定期向 A 城未保工作者反馈服务对象的动态，保持对性侵害后可能出现的负面情况的警惕性，持续为服务对象提供陪伴。

8. 延伸思考

- 你所在的地区和组织已有哪些政策或设施？能为未成年被害人提供什么服务？现有的服务可以覆盖哪类人群？
- 对于未覆盖到的未成年人，你认为应该通过何种方式为其提供支持？

（三）女性受暴低危险个案[①]

1. 问题思考

在开始阅读案例前，请回顾本手册第一章和第二章的内容，并思考以下问题：

- 如何为受害人提供服务？
- 如何帮助受害人处理家暴带给目睹儿童的伤害？
- 在接案初期，需要对受害人进行哪些方面的评估？

在阅读案例时，可以同时思考和回答以下问题，有助于工作者理解案例，关注个案管理服务中特别需要注意的内容。

---

① 本个案由真实个案改编而成，为保护个案隐私，对关键信息（如姓名、年龄、部分暴力情节等）进行了处理。

- 工作者如何评估服务对象的危机程度？
- 工作者如何协助服务对象制定安全计划？
- 工作者如何协助服务对象建立更多的社会支持网络，加强服务对象能动性？

尝试评估工作者的服务表现，并列出需要改善的地方。

2. 个案来源

受害人小盈（化名）因遭到丈夫王满（化名）的打骂而导致轻微脑震荡，随即拨打了当地妇联的家庭暴力热线电话寻求帮助，并提出离婚诉求。与本章第一个案例相同，该热线由妇联以购买社会服务的形式委托第三方专业机构运营。热线工作者接听了求助电话，初步了解并评估情况后，判断其符合项目服务范围，并在获得服务对象的知情同意后为她提供了个案管理服务。个案于 2019 年 6 月开案，历时 3 个月。

3. 资料收集与评估

（1）基本资料

服务对象（受害人小盈）：女，37 岁，本地人，本科学历，公司财务，月收入约 6000 元。她与丈夫育有小敏（化名）和小刚（化名）两个孩子。

案夫（加害人王满）：男，38 岁，本地人，本科学历，销售员，月收入约 10000 元。他常将收入投资到股市中，2019 年年初因股市下跌，大部分资金被"套牢"。

服务对象大女儿（小敏）：女，9 岁，小学三年级在读，性格活泼开朗，与服务对象关系亲密。目睹过家暴场景。

服务对象小儿子（小刚）：男，3岁，幼儿园小班在读，与服务对象关系亲密。

服务对象娘家：服务对象娘家在本地，经济条件尚可。父母均已退休，服务对象还有一个哥哥。哥哥知道服务对象与丈夫之间的争执，曾在不了解暴力存在的情况下劝说服务对象以孩子健康成长为重。

● 家谱图分析（见图 6-7）

服务对象核心家庭（一家四口）同住，服务对象遭受的暴力来源于丈夫。

服务对象与孩子关系亲密，两个孩子都喜欢跟随服务对象。

服务对象与娘家人关系良好，由于同在本地，常来往和探望。

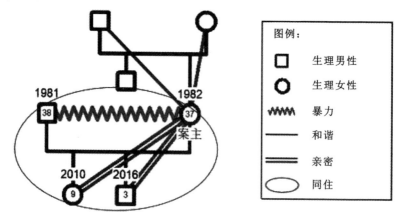

图 6-7　家谱图

● 社会生态图分析（见图 6-8）

服务对象的非正式支持系统正常运作，系统中资源充足，有足以提供陪伴和支持的子女和娘家人。

服务对象的正式支持系统较弱,但是存在部分潜在的正式支持资源。

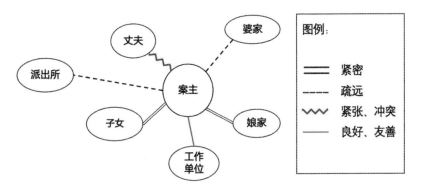

图 6-8　社会生态图(接受个案管理服务前)

(2)危险评估

工作者使用《亲密关系暴力危险性评估量表(CIDA)》[①]与服务对象一起检视目前的暴力危险情况,并且根据服务对象近一年来的受暴频率提高、案夫因投资失败正处于经济压力下等情况,评估服务对象的受暴危险处于"低危险"向"中危险"发展。

受暴类型、施暴频率及持续时间

根据服务对象反馈,案夫暴力行为持续了半年,在服务对象搬离后停止。

● 第一次受暴

第一次受暴发生在 2019 年 4 月,服务对象得知丈夫投资股票

---

① 亲密关系暴力危险性评估量表修订课题组:孟莉、李洪涛、付昨霖。

失利，向丈夫了解情况，丈夫怒斥"关你什么事"，让服务对象别管。服务对象担心赔得多，两个孩子的生活水平会受到影响，想再了解，丈夫认为服务对象多管闲事，将手边的物件全部大力摔在地上，眼神凶狠地凝视服务对象，警告服务对象"闭嘴"。服务对象陷入沉默，流着泪到女儿房间与女儿一起睡。

● 重大受暴事件

最严重一次受暴发生在2019年5月某个夜晚。丈夫向服务对象拿钱，称"有内部消息，需要增加投资本金"，服务对象认为风险过大，不利于保障现有的生活水平，因此拒绝了丈夫的要求。丈夫继而大力推搡、拉扯服务对象，服务对象在挣扎过程中失去平衡，头部撞在电视机上。听到争吵声的女儿走出房间，恰好看见服务对象撞向电视机，女儿哭喊"不要打妈妈"，并尝试将服务对象带回自己房间，丈夫看到后停止施暴。

● 最近一次受暴

最近一次受暴发生在服务对象致电热线前一天。服务对象回到家时看见家中一片狼藉，惊吓之下服务对象报警。经调查，是丈夫试图在家中翻找值钱的东西拿去卖。警察走后，丈夫认为服务对象在"给他丢脸"，意图抓住她。服务对象担心丈夫失控，寻找机会挣脱后跑出家门，再度报警，并在报警后带着两个孩子回到娘家居住。

● 过往求助经验

非正式支持系统求助经验：服务对象过去较少跟人提起自己受暴的事情，在第一次暴力事件发生后，曾试探性地与娘家人提过"王满有时候有点凶，想分开住一下"，但在家人"为孩子好"的劝阻下放弃。

正式支持系统求助经验：服务对象最近一次受暴后两次报警，较好地保障了自身权益，也有利于收集报警证据。

（3）需求评估

人身安全：离开亲密暴力关系，强化自己的社会支持网络，保障自己和子女的安全。

法律维权：包括获取警方的家庭暴力告诫书、离婚、子女抚养权争取等司法程序陪同和法律咨询解读等需求。

子女照顾：目睹过家庭暴力的服务对象女儿的心理辅导需求，女儿和儿子的后续照料安排。

（4）资源评估

个人层面：服务对象求助动力较强，在面对暴力时有相应自保的解决方法，有固定工作和稳定的工作收入。

家庭层面：服务对象娘家了解服务对象受暴情况后，成为服务对象坚强的后盾，能为其提供情感支持、孩子照顾和长期庇护等支持。

非正式支持系统层面：以娘家人（父母、哥哥）为主，服务对象也有向公司上司提起受暴事件，获得公司支持，服务对象在处理离婚手续的过程中可以拥有较为宽松的时间安排。

正式支持系统层面：派出所和民警能为服务对象开具家庭暴力告诫书；反家暴机构能够提供专业个案管理服务、司法程序陪同、链接社区社工站资源、陪同上门取回个人衣物等服务。

4. 个案目标

- 服务对象获得陪伴和心理支持，心理状况好转；

- 服务对象自我保护能力提高；
- 服务对象社会支持网络加强。

5. 服务介入与实施

（1）接案与建立专业关系

知情同意与保密：工作者在与服务对象进行自我介绍及介绍工作内容的基础上，强调保密原则，并在每次沟通中评估服务对象所处环境的安全状况，如是否有他人在场、是否方便让对方知道受暴相关内容等，让服务对象能够在私密且具安全感的环境中进行分享。

提供陪伴与心理支持：即使服务对象从一开始就做出了离婚的选择，但面临离婚后可能出现的挑战，服务对象并非一直保持果敢和决绝，工作者接纳与理解服务对象表现的"反复""无力"等情况，以聆听者和陪伴者的角色了解服务对象选择离开和留下的各种因素。同理服务对象遇到的困难，引导服务对象看到自身的改变，肯定服务对象报警求助等表现出来的行动力，不对服务对象的决定进行批判，让服务对象找回自己在亲密关系中自身的主导权。

（2）制定安全计划，妥善处理亲密关系

● 明确需求与目标

结合服务对象的求助动机与期望达到的目的，与服务对象一起进行细化，列为可实现、具操作性的各项需求与目标，并分阶段进行推进。

● 制定安全计划

对于家暴个案,安全计划被视为优先的服务,安全计划不仅限于服务对象自身的安全计划,也包含未成年子女和共同生活的亲人的安全计划(见手册第二章)。

服务对象:根据服务对象意愿及现有资源(已回到娘家居住),工作者与服务对象共同讨论制定安全计划,包括改变上班路线防止被加害人跟踪;提前与家人、上司协商,当加害人上门骚扰时协助报警等安全计划。

未成年子女:告知班主任及老师关于子女的接送安排,避免加害人接走两个孩子并以此威胁服务对象回家的情况出现。向子女解释现阶段的居住安排,了解孩子对于加害人可能出现的情绪反应,尽量控制和减少家暴事件对未成年子女的负面影响。

提高对暴力的敏锐度:个案跟进过程中,服务对象持续收到来自加害人的联系,对方称期望法院开庭前调解,承诺改变并劝说服务对象回归家庭。对此,工作者保持对服务对象决定的接纳和尊重,与律师、服务对象一起协助梳理调解中的期待与具体化的改变需求,沟通过程中加害人威胁、恐吓等表现让服务对象识别出危险信号,服务对象明确拒绝调解,案件进入庭审阶段。

(3)增强社会支持网络,规划后续安排

强化正式社会支持网络:工作者以资源统筹者角色链接律师、警察、社区社工站等资源。在个案前期,围绕服务对象取证、回家取回衣物等需求,工作者链接派出所、社区社工站等,为服务对象开具家庭暴力告诫书并陪同服务对象返家取回物件,强化服务对象的正式社会支持网络和使用意识见图6-9。

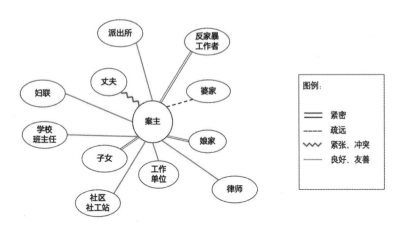

图 6-9 社会生态图（接受个案管理服务后）

子女抚养计划：针对女儿小敏目睹家暴后的心理创伤，工作者在评估事件影响后，链接妇联的心理咨询师资源进行定期面谈与跟进。通过服务对象陪伴、解释和专业咨询，妥善处理未成年人子女对加害人的认知及亲子关系。与服务对象制定子女长期抚养计划，对抚养主体、抚养经济开销等抚养议题进行梳理。

6. 结案与评估

经过一段时间的跟进，工作者向服务对象预告结案，与服务对象共同检视个案目标达致程度，服务对象认同个案目标已达成并同意结案。

服务对象身心状况得到改善：脑震荡未给服务对象留下后遗症，服务对象身体已完全恢复。在工作者的陪伴、家人的有力支持下，服务对象逐渐走出暴力对其造成的负面影响。为了保障孩子的心理健康，服务对象一直努力为孩子提供陪伴和沟通，保持定期咨询，在最大限度上降低孩子对父母离婚、目睹母亲受暴所产生的心理阴影。

服务对象受暴危机程度较低：经法院判决，服务对象已离开暴力关系，并更换了相应的联系方式。虽然仍与父母同住及在同一公司上班，但服务对象自身、家人和同事均掌握了加害人上门骚扰时相应的处理方法，有效预防加害人再次实施暴力。

对受暴风险识别意识和自我保护能力提高：对家暴的严重性有了较为清晰的认知，知道如何维权和自我保护，风险识别意识增强，会避免让自己或孩子与前夫单独见面或在封闭场所见面。

掌握并能使用相应资源：在父母、同事支持的基础上，服务对象了解到社工、心理咨询师、妇联可以提供的服务和支持，且熟悉报警、家庭暴力告诫书申请等内容，正式社会支持网络得到强化。

7. 延伸思考

• 如何能提前识别出亲密关系中潜在的暴力因子？有哪些征兆？

• 如何能够更好地提高服务对象对资源的使用度，保障工作者退出后服务对象使用资源的可持续性？

• 当父母因婚姻暴力问题暂时分居，未成年子女暂时跟随父或母一方居住时，如何处理非同住一方的探视需求问题？

（四）残障受害人个案[①]

1. 问题思考

在阅读案例前，请先回顾本手册第一、二章中关于与残障受害

---

① 本个案由真实个案改编而成，为保护服务对象隐私，对关键信息（如姓名、年龄、部分暴力情节等）进行了处理。

人工作有关的内容，思考并回答以下问题：

- 什么是全面融合的残障观？
- 残障群体可能面临哪些特殊暴力虐待？
- 与残障受害人工作的基本原则有哪些？
- 基于不同障别有哪些重要服务提示？

请带着以下问题进入案例阅读与思考，将会有助于你理解个案管理服务：

- 工作者协助服务对象获得了哪些支持？
- 工作者如何协助加害人停止暴力？

试评估工作者的辅导和服务表现，并且列出对你有学习启发和需要改善的具体地方。

2. 个案来源

残障妇女小媛（化名）拨打了当地残障公益组织服务热线，希望能找一份工作。该残障公益组织在判断小媛的诉求符合服务范围后，开始提供服务。

在就业服务过程中，工作者了解到服务对象有长期受到母亲限制其人身自由及语言暴力的情况。因此，该残障公益组织与残联、妇联以及反家暴机构联合开展多专业服务。工作者 A 是残障公益组织的社工，担任个案管理员；工作者 B 则是来自反家暴机构的社会工作专业人员，负责提供反家暴服务。个案于 2019 年 3 月开案，历时 7 个月。

3. 资料收集与评估

(1) 基本资料

服务对象（受害人小媛）：女，19岁，1岁时被诊断出患有先天性成骨不全症，又称"脆骨病""瓷娃娃"。11岁时在学校意外受伤，导致服务对象无法行走，以手动轮椅代步。她休学后长期在家。她只有小学学历，性格内向，沉默寡言，语言表达能力、词汇量及理解能力略低于同年龄段的一般水平。经残联评估认证为二级肢体残障，每月有数百元残疾补贴。

服务对象母亲（加害人李女士）：女，43岁，育有一女一子。2006年离婚后，获得服务对象的抚养权，而其儿子归前夫抚养。李女士拥有大专学历，企业全职职工，月收入约6000元。周末与服务对象一起做串珠等手工，计件报酬约每月400元。每月除去生活开支及服务对象医药费，几乎没有结余。她情绪起伏大、有睡眠困扰。

服务对象父亲（加害人陈先生）：男，47岁，已与服务对象断绝关系、疏忽照顾，未支付过离婚判决规定的抚养费。

服务对象弟弟：男，16岁，由服务对象父亲抚养。

服务对象外祖父母：与服务对象、服务对象母亲共四人居住在老旧小区楼梯房的5层。每月共有约8000元退休金，除承担房租、水电费、每日三餐等家庭开销以外，偶有补贴服务对象医药费。与服务对象关系亲近，在服务对象母亲上班期间是服务对象的主要照顾者，在服务对象休学后在家教导服务对象学习认字和算术。

● 家谱图分析（见图 6-10）

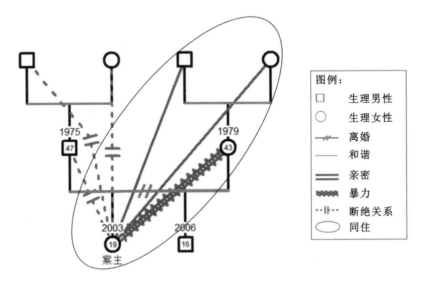

图 6-10　家谱图

服务对象与服务对象母亲关系紧密，服务对象依靠母亲照顾，服务对象母亲对服务对象十分疼爱，但服务对象母亲亦会暴力对待服务对象。

服务对象父亲主动与服务对象断绝关系。服务对象父亲、服务对象弟弟和服务对象祖父母等非正式支持资源缺乏。

服务对象外祖父母是服务对象的家庭内部正向支持系统，给予服务对象生活照顾及情感支持。

● 社会生态图分析（见图 6-11）

在日常生活和病情控制上，服务对象有家庭的照料和保护，同时在网上认识了一些"瓷娃娃"病友。

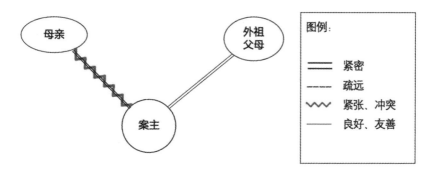

图 6-11　社会生态图（接受个案管理服务前）

服务对象的正式支持系统缺位，无法获得外部资源缓解家庭内部压力，需发掘外部正式支持资源。

（2）危险评估

工作者与服务对象通过一起检视过往受暴历史，认为受暴频率和暴力伤害程度没有加重，服务对象母亲限制服务对象人身自由的目的并非完全出于虐待、管控，且目前没有即时性危险，但亦由于服务对象自身身体脆弱性较高，工作者评估为"中危机"。

受暴类型、施暴频率及持续时间

● 身体暴力

服务对象在 6 岁时尿床遭受母亲打骂，导致大腿骨折，住院大半个月。

● 情感勒索

服务对象表示母亲心情不好或因为她做错事的时候就会一下子爆发情绪，歇斯底里地骂她"都是因为你，你为什么要投胎到我们家，如果不是你，我就不用这样受苦"。

● 限制自由

服务对象母亲在服务对象意外受伤后不让服务对象上学，除去医院复诊外不能外出，并在家中安装监控随时查看外祖父母是否偷偷带服务对象外出，并将她的轮椅锁起来。

● 故意疏忽

服务对象外祖父母表示服务对象父亲离婚前经常辱骂服务对象母亲"克夫"、服务对象"来讨债"和"妖怪"。离婚后，服务对象父亲对服务对象不闻不问，服务对象的医药费一直是服务对象母亲独立承担，离婚后也未曾支付过抚养费。

● 第一次受暴

服务对象外祖父母表示服务对象出生后就开始被服务对象父亲和祖父母嫌弃"不是男孩"，一直未履行抚养义务。服务对象母亲情绪激动时也会骂服务对象。

● 重大受暴事件

服务对象外祖父母表示服务对象6岁时某一晚尿床，遭到服务对象母亲打骂，服务对象大腿骨骨折，住院大半个月。事后服务对象母亲感到后悔和懊恼，哭着抱着服务对象道歉，之后没有再动手打服务对象。

● 最近受暴事件

服务对象向服务对象母亲请求外出，再次遭到服务对象母亲拒绝，辱骂服务对象"如果你受伤又要花我多少钱？你是不是想逼死我你才开心。"

● 过往求助经验

外祖父母保护：每当服务对象被服务对象母亲打骂时，外祖父母会拉走和劝说服务对象母亲冷静，并安慰服务对象。

社群网友支持：服务对象会用手机社交软件向残障社群网友倾诉心事和烦恼，网友们会安慰和支持她。

顺从母亲要求：服务对象表示自己不想母亲伤心，也不想母亲讨厌自己，留在家也没关系，只是希望母亲开心。

（3）需求评估

人身安全：在妥善、合理的保护下获得外出自由和参与社交活动，免受精神暴力和自由限制。

心理健康：心理状态评估及辅导，增强正向的自我认同。

法律维权：获得司法保护，追讨抚养费。

经济支持：获得临时生活救助金，提高工作技能和就业援助。

家庭支持：加害人（服务对象母亲）辅导、压力调适和家庭教育指导。

特殊需求：因服务对象为残障人士，需要使用轮椅，因此居住环境需要无障碍设施改造。

（4）资源评估

个人层面：服务对象求助动力较强，具有自我保护意识；有一定生活自理能力，对自身身体及能力情况有一定了解；有较强的求知欲和学习意愿。

家庭层面：外祖父母能为服务对象提供保护、情感和经济支持，明确支持和愿意协助服务对象恢复外出活动和工作。

非正式支持系统层面：网络残障社群能提供情感陪伴、资源介绍等支持。

正式支持系统层面：残障公益机构提供反家暴服务转介、庇护就业援助、无障碍设施改造众筹；残联和妇联提供免费法律咨询、心理咨询、反家暴社工服务、加害人辅导等服务。

4. 个案目标

- 加害人停止暴力行为模式；
- 服务对象自我感及个人自主意识提高；
- 服务对象及家庭社会支持得以强化。

5. 服务介入与实施

（1）引导加害人工作，停止暴力循环

检视暴力模式：工作者 B 赞赏服务对象母亲承认错误及改善的勇气，发挥教育者角色，引导其认识婚姻暴力、性别不平等对其造成的影响，从而觉察暴力模式的习得和传递，明白暴力对服务对象造成的伤害。

降低家庭照顾负荷：工作者 B 肯定服务对象母亲是一个尽责的母亲，同理多重压力致其身心失衡，通过协助服务对象充分倾诉感受、获得临时救助金和社区志愿服务、制定自我关怀计划等方式帮助服务对象母亲调适压力。

家庭教育指导：工作者 B 肯定服务对象母亲对服务对象的疼爱与保护，协助服务对象辨识情绪、建立情绪界限、学习非暴力沟通等技巧，适当地管理愤怒和表达感受与需求，修复服务对象与服务对象母亲的亲子关系。

（2）充权受害人，提高自我价值感

提供心理辅导：工作者 B 以沙盘等服务对象能理解的方法，引导服务对象自察忽略自我、习惯取悦母亲和自责与负罪感等感受，通过空椅法等协助练习表达和重视自己的感受，承诺好好保护自己。

建立社会支持：工作者 A 向服务对象及家属介绍社区无障碍社会服务资源地图，提供陪同外出和家庭访视等志愿服务，减轻家属照顾压力，鼓励服务对象参加园艺治疗互助小组，逐步恢复社交生活。

规划生涯发展：工作者 A 运用《日常生活活动量表》（简称"ADL"）与《工具性日常生活活动量表》（简称"IADL"）[①]，对服务对象不同能力阶层进行评估，制定个性化能力提升计划，协助服务对象在生活自理、社交与工作技能等方面有所进步，提供职业技能训练课程。

（3）发展资源网络，满足家庭需求

以家庭为本：工作者 A、B 以家庭这一整体作为个案管理服务对象，发挥资源协调者、舒压者等角色功能，使用不同资源与服务，针对不同系统层次，从整体上协助服务对象及家庭。

多机构合作：残障公益机构提供能力评鉴、志愿服务、就业援助、小组辅导、无障碍设施改造等服务；残联链接公益力量，为服

---

① ADL 与 IADL 评估量表常用于客观观察和评估身心障碍人士、老年人等群体的日常生活功能水平和失能情况。

务对象提供法律咨询、心理咨询及家庭慰问金；法援机构协助服务对象起诉服务对象父亲并成功追讨抚养费；① 妇联提供反家暴社工服务、加害人辅导、家庭教育指导等服务。

无障碍设施改造：残障公益组织链接辅具生产商赞助、众筹和申请救助金等帮助服务对象家庭改造和获得居家无障碍环境和设施（电动爬楼机），帮助服务对象减少出行阻碍。

图 6-12 为接受个案管理服务后服务对象社会生态图的变化。

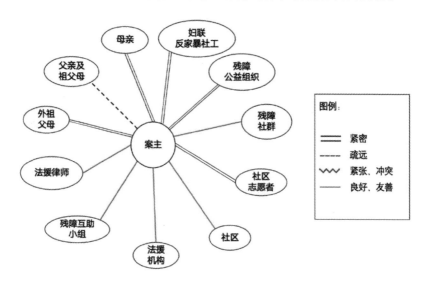

图 6-12　社会生态图（接受个案管理服务后）

---

① 《中华人民共和国民法典》第一千零六十七条："父母不履行抚养义务的，未成年子女或者不能独立生活的成年子女，有要求父母给付抚养费的权利。"第一千零八十四条："父母与子女间的关系，不因父母离婚而消除。离婚后，子女无论由父或者母直接抚养，仍是父母双方的子女。离婚后，父母对于子女仍有抚养、教育、保护的权利和义务。"

6. 结案与评估

服务对象与服务对象母亲关系得到修复：在残障组织、残联、妇联等机构介入后，服务对象母亲已停止施暴。在完成十次加害人辅导课程后，服务对象母亲与服务对象一起接受亲子关系辅导。服务对象母亲已学会运用非暴力沟通方式与服务对象互动，服务对象亦选择原谅服务对象母亲。

服务对象自我认同感及能力提升：服务对象清楚自己表达情绪、感受和需求是没有错的，不苛责自己是个没用的人。服务对象努力完成技能训练课程争取到社区庇护就业实习机会，逐步相信自己的价值，对未来的生活更怀有希望。

家庭功能及社会支持得到强化：服务对象抚养费追讨一案胜诉；服务对象及家庭发展出使用资源的知识与技巧，建立和强化家庭内外部资源网络。工作者B在后续回访中了解到服务对象及家庭已熟悉与社会联结并解决自身问题。

7. 延伸思考

- 针对不同障别受害人工作，有哪些相同及不同的服务重点？
- 残障受害人可能面临哪些求助障碍，社会组织需发展哪些服务降低这些障碍？
- 服务处于多重困境或多交叉脆弱性的残障受害人时，例如女性残障者、未成年残障者、多重残障者，有哪些注意事项？

（五）多元性别受害人个案[①]

1. 问题思考

在阅读案例前，请先回顾本手册第一、二章中关于与多元性别受害人工作的内容，思考并回答以下问题：

- 你自身的多元文化敏感度如何？对多元性别的价值取向是什么？
- 什么是多元性别与性少数？
- 多元性别受暴类型及具体形式有哪些？
- 阻碍多元性别受害人求助的因素有哪些？
- 怎样协助多元性别受害人？

请带着以下问题进入案例阅读与思考，将会更有利于你理解针对多元性别受害人的个案管理服务。

- 工作者怎样与服务对象建立专业关系？
- 工作者怎样从服务对象的诉求出发去发掘服务需求？
- 工作者怎样保障服务对象的安全？
- 工作者怎样表达性别友善？
- 工作者如何表达创伤知情？

试评估工作者的辅导表现，并且列出对你的学习有启发和需要改善的具体地方。

---

① 本个案由真实个案改编而成，为保护服务对象隐私，对关键信息（如姓名、年龄、部分暴力情节等）进行了处理。

2. 个案来源

受害人小林（化名）因遭受伴侣小星（化名）的亲密关系暴力向多元性别社群求助，社群建议小林寻找专业服务获得帮助。2021年3月中旬，某性别暴力援助机构接到小林的线上求助，了解到小林的诉求是希望工作者帮其与小星和父母谈一下。机构审核受害人小林符合服务范围，与服务对象初步确定服务意向和知情同意沟通后，委派资深工作者提供在线个案管理服务。个案自2021年3月中下旬开案，历时4个月。

3. 资料收集与评估

工作者与服务对象进行知情同意、保密承诺、资料使用等相关沟通后了解到以下情况。

（1）基本资料

服务对象（受害人小林）：女，23岁，大专学历，中小企业普通职员，月收入约5000元。2021年4月自行就医确诊创伤性心理应激障碍、重度抑郁症。

服务对象伴侣（加害人小星）：女，20岁，本科在读。有自残倾向，情绪波动大，未确诊是否患有情绪障碍。

服务对象父亲（加害人）：49岁，掌握家庭决策权，曾对服务对象施暴，目前与服务对象关系较为疏远。认为多元性别是变态、精神病。

服务对象母亲（加害人）：47岁，与服务对象关系较亲近，时常主动与服务对象沟通。对多元性别的认知和态度与丈夫相同。

● 家谱图分析（见图6-13）

目前，服务对象与父亲关系疏远、紧张，偶有价值观及意见冲突；与母亲关系较亲近，能获得正向情感支持。若服务对象父母得知服务对象并没有变回"正常"，真实的性别认同和性倾向仍是多元性别，那么升级至原生家庭暴力风险的可能性极高。

目前，服务对象仍能从原生家庭中获得有限资源，若服务对象性别认同、性倾向遭到小星曝光，服务对象将同时陷入多种暴力关系中，孤立无助。

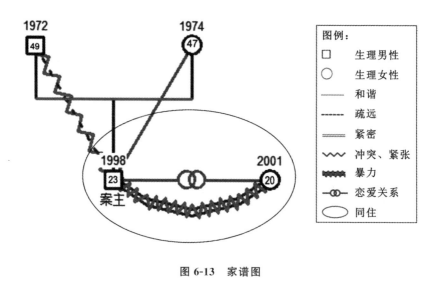

图6-13 家谱图

● 社会生态图分析（见图6-14）

服务对象已获得非正式支持资源，与资源的互动关系良好、正向。

服务对象正式支持系统较弱,但有丰富的潜在正式支持资源,可加以发掘与运用。

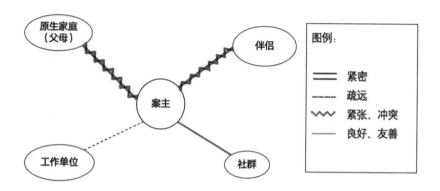

图 6-14 社会生态图(接受个案管理服务前)

(2)危险评估

受暴类型、施暴频率及持续时间

工作者使用《亲密关系暴力危险性评估量表（CIDA）》与服务对象一起检视目前的暴力危险性，量表评估结果为"中风险"。若服务对象在毫无准备的情况被小星曝光多元性别身份，原生家庭暴力极大可能再次爆发，且引发工作单位对其的歧视和解雇风险。

● 原生家庭暴力

主要为身体暴力、语言暴力、经济控制、限制人身自由和限制通信等，暴力行为持续数月，至服务对象离开精神卫生医院后停止。

● 亲密关系暴力

主要为监控手机、忌妒、恐吓威胁、情绪虐待和跟踪骚扰等精神暴力及社交管控等，暴力行为持续近九个月，暴力愈发严重、愈发频繁。服务对象向机构求助后受暴频率降低，在三个月后停止。

● 第一次受暴

原生家庭暴力：服务对象自述其17岁时被父母发现服用跨性别激素治疗药物后向父母坦白性倾向，被父亲用铁制晾衣杆抽打至全身淤青，被辱骂是精神病，没收所有通信设备、财物和重要证件等。服务对象母亲并未制止暴力行为，同时多次形容服务对象是不正常的、有精神病。

亲密关系暴力：服务对象与小星同居两个月后，小星以希望得到服务对象全部的爱为由，向服务对象提出名为"爱的契约"，实则是精神管控的要求，其中包括每天都需要准时下班回家；除上班、上学外其余时间两个人都要在一起；可随时查看对方手机电脑等。

● 重大受暴事件

原生家庭暴力：被父母以患有严重心理疾病为由强制关进当地精神卫生医院治疗近一个月，与外界失联。服务对象未被任何人告知诊断结果，并被要求服用不知名药物，服药后精神恍惚、身体乏力。服务对象感到恐惧、无助及绝望，曾想过自杀，后为了逃避强制扭转治疗，策略性地向父母承诺不再变性，父母认为服务对象已经恢复"正常"，并接服务对象回家。

亲密关系暴力：服务对象收到小星割手臂、伤口流血及自残工具的照片和视频，被威胁"分手就割手腕自杀"。服务对象十分惊恐无助，答应小星继续维持关系。之后服务对象多次做噩梦惊醒，每次收到小星的信息会变得呼吸急促，最严重时身体僵硬且小星自残的画面会重现脑海中。

● 最近一次受暴

原生家庭暴力：停用激素药物，在父母面前维持顺性别异性恋的行为模式，暂未再受暴。

亲密关系暴力：被威胁公开性倾向、检查通信记录、盘问行踪和社交情况。服务对象精神压力极大，再次产生自杀念头。

● 过往求助经验

服务对象多向几位较信任的社群朋友倾诉，对向正式体系求助不熟悉。虽有了解到性别友善的律师、心理咨询师资源，但由于感到思绪混乱，害怕引致小星报复和担心无法支付咨询费用，服务对象一直没有求助；另外害怕隐私被曝光和不被理解，更不敢报警。

（3）需求评估

人身安全：脱离亲密暴力关系，预防原生家庭暴力再次发生，强化社会支持网络，获得安全生活环境。

心理健康：接受创伤性心理应激障碍和重度抑郁症的治疗及辅导，激发复原力，恢复健康的精神情绪状态。

法律维权：咨询面临隐私被曝光、就业歧视、被解雇、被父母再次强制送医院等风险的法律问题和了解报警技巧。

经济支持：稳定的经济收入，如离开需申请临时救助金。

（4）资源评估

个人层面：服务对象求助动力较强，能辨识暴力危险，对亲密关系中的权力控制有敏感度；具有自我保护、资源运用和问题解决的意识能力；关注身体变化，可觉察情绪变化；有固定且稳定的工作收入，有一定支付能力。

家庭层面：能够回家庇护，获取家庭的经济支持（服务对象在父母面前伪装与小星是异性恋关系，在多元性别身份得以保密的情况下，分手可获父母的理解支持）。

非正式支持系统层面：多元性别社群、性别友善亲友提供情感陪伴、资源介绍、紧急求救、短期庇护和少额借款等支持。

正式支持系统层面：性别暴力援助机构提供专业社工服务、临时救助金；性别友善的律师和心理咨询师提供法律咨询、心理咨询等服务；医院精神科提供心理治疗；警察、妇联等部门提供紧急求救、加害人辅导等服务。

4. 个案目标

- 服务对象的情绪状态得到改善，自杀危机降低；
- 服务对象应对暴力及解决问题的能力提高，足以保障自身安全；
- 服务对象的自尊心及重建安全生活的信心增强。

5. 服务介入与实施

（1）提供性别友善的服务输送，发展信任的专业关系

避免二次伤害：在个案历程中，工作者时刻保持多元性别敏感度，使用服务对象喜欢的称谓和具性别敏感度语言，如"她（他）""你的伴侣"等，避免顺性别异性恋立场思维。预先让服务对象知晓收集资料的意图，警惕出于好奇心询问冒犯、伤害服务对象的问题，如"你为什么要服用激素""你有男扮女装吗"。

与服务对象保持同一步调：理解威胁公开性倾向、多元性别身份污名对服务对象造成的抉择压力和暴力关系带来的习得性无助、飘忽不定和行动退缩等影响，耐心聆听和给予回应，借由同理反应

传递对服务对象此时此刻感受的肯定，增进服务对象自我觉察选择取向的变化和冲突，帮助服务对象辨识害怕改变的心理障碍。

发挥陪伴者角色功能：交由服务对象决定其需要何种服务，对服务对象的每个决定表达支持和欣赏，鼓励其按照对应的安全行动计划努力，让服务对象感到在这段关系中是不被责备且被真诚信任的，让其明白任何选择都没有"完全正确"或"完全错误"。

对微小改善保持好奇心：每当发现服务对象有些微小改善，工作者会向服务对象适当提问"你是怎样做到的""还有呢"，协助服务对象检视其感受和观念的变化，使服务对象的自尊心、成就感提升。工作者的赞赏和肯定，对服务对象而言是无穷的鼓励和支持，会使其更努力尝试改变。

(2) 从服务对象求助动机和期待出发，共同拟定个案目标和制定计划

顺势而为：初期，工作者借由服务对象希望工作者接触其父母及小星这一诉求，运用刻度问句、具体化和同理反应等技巧，邀请服务对象提供更多其与父母和小星沟通的经验、对当前处境的判断和感受、问题处理的时机和前期准备等问题的想法。

明晰需求与目标：通过上述讨论探索服务对象深层的需求，引导服务对象重新考量对问题解决的期待，将模糊的、被动接受帮助、局限于途径的动机和诉求转化成具体的、可及的、解决途径更多样、强调自主性、聚焦成效的需求和目标。

澄清不合理期待：工作者也留意到服务实际与服务对象期待之间的落差，如服务对象以为只需 1—2 次咨询就可以解决问题，认为工作者能代替其解决所有问题、工作者能提供所有问题的最佳解决方案、父母和小星一定会听工作者的话等。工作者应及时澄清这些误解，帮助服务对象了解个案历程的本质以及工作者的角色。

协助服务对象自决：为了增强服务对象的自主性和动力，工作者赋予服务对象选择的责任和决定的权利，协助服务对象决定目标的先后次序，逐一明确问题解决的指标和对应的行动计划。

(3) 保障服务对象安全，协助自主作出知情选择

知情同意：保护服务对象的工作是从机构及工作者接案的那一刻便开始就承诺保护服务对象隐私，在与服务对象的知情同意沟通上，工作者清晰说明服务的意图及可能涉及的风险。

实时安全评估：关注服务对象在会谈过程中的即时安全，包括会谈前是否受暴受伤、施暴者是否在身边、当下所处位置及周边环境、身边是否有可提供协助的人陪同等。提醒服务对象每次会谈后删除通信记录，与服务对象约定安全暗号。

制定安全计划：协助服务对象从关系发展历程辨识暴力行为，反思自己对暴力行为的接受程度，设定底线，制定包括"暴力发生当下""暴力发生后"的紧急应变方法，提高自我保护能力，降低习得性无助感。

提高对暴力严重性认识：通过提问令服务对象明白其情绪困扰是由暴力关系引致的心理创伤，链接性别友善心理咨询师志愿者与服务对象共同讨论制定创伤被触发时相应的日常自我关怀计划。

同理服务对象的处境：工作者理解服务对象选择的不容易，先与服务对象制定"仍留在伴侣关系中"的安全计划，避免催促服务对象做出决定，使服务对象在安全情况下有足够的时间和机会进行思考。

增加外部支持：链接性别友善律师、社群过来人导师共同协助服务对象对关系去留、公开性倾向与否分别可能面临的利弊问题进

行梳理，尤其是针对分手暴力、隐私曝光、劳动权益侵害、被强制送进精神卫生医院等问题制定相应的安全行动计划，强化服务对象的正式与非正式支持系统，让服务对象感到能够更好地掌握自己的生活，见图 6-15。

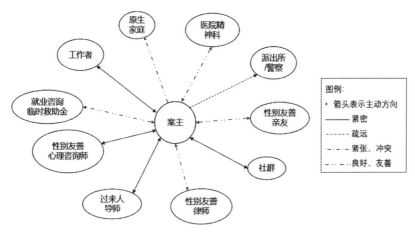

图 6-15　社会生态图（接受个案管理服务后）

6. 结案与评估

服务对象精神情绪状态明显改善：在坚持近三个月的服药治疗和六次心理咨询后，服务对象情绪、精神状态得到明显改善，自感平静、有力量、思绪清晰，自信能应对分手暴力、搬家和换工作等未来计划。个人内在自主性、复原力得到恢复。

服务对象受暴风险较低：服务对象最终决定与小星分手，在分手前辞去工作，在父母手机上将小星的号码拉进黑名单，在社群朋友全程陪同下处理分手和搬家事宜，更换联络方式，保密新工作、新住址的信息，有效阻隔小星的分手暴力。

服务对象应对暴力及解决问题的能力提高：服务对象在工作者

的指导下能根据小星过往暴力行为模式,制定、更新和演练防止分手暴力的安全计划;自主申请并获得社群提供的临时经济救助和就业咨询,已掌握自我保护及运用外部支持资源的能力。

服务对象自信可重建生活:服务对象搬到外地入职新工作,感到安全、愉悦和自信,计划参加社群亲密暴力疗愈小组,重拾对亲密关系的希望和信心。

制定安全计划:服务对象在工作者教导下运用同理反应回顾与父母的沟通模式及对话,明白到父母对多元性别的认知体系和价值观,更加理解父母的痛苦和难以接受。服务对象与工作者从亲子关系、父母可沟通度和父母价值观等不同方面进行评估,决定制定长期安全计划,暂时在父母前维持"正常"。

7. 延伸思考

• 工作者应掌握哪些具有多元性别敏感度的价值观、服务理念与干预技巧?

• 社会组织可从哪些方面发展有效降低二次伤害的友善服务体系及具有多元性别敏感度的实务干预模式?

• 社会组织可从哪些方面减少造成多元性别受害人求助的阻力?

• 如何为残障多元性别受害人提供支援服务?

综上,本章共提供了五个不同类型典型案例(女性受暴高危险个案、未成年人受暴个案、女性受暴低危险个案、残障受害人个案和多元性别受害人个案)的分析,呈现了案例分析和个案管理服务的过程及关注点。

作为使用者的你,也许认为这些案例的干预过于完美甚至无法企及,但是如果我们相信反家暴工作是一个以目标为导向不断推进的过程,那在这个进程中我们的每一步努力就一定会接近目标。我们应该满怀信心地持续推进，在探索建构反家暴个案管理服务模式进行有意义的尝试并做出应有的贡献。

期望这些典型案例能够在使用者学习和借鉴过程中发挥启示性的作用。

第七章 | 反家庭暴力个案管理服务评估

■ (一) 反家庭暴力个案管理服务评估的定义

反家暴个案管理服务评估(以下简称"个案管理服务评估")包括对服务过程和服务效果的评估。个案管理服务评估以个案管理服务过程和服务对象的变化为评估对象,评估个案管理服务目标设定的合理性,服务计划与服务目标逻辑关联的合理性,个案管理服务是否按照计划进行并根据服务对象的变化进行适时调整,个案管理员是否在服务过程中始终遵循反家庭暴力的基本原则,个案管理服务是否达到预期效果及服务对象是否有改变等。

■ (二) 反家庭暴力个案管理服务评估的作用

个案管理服务评估能够系统且持续地评估反家庭暴力个案管理服务实务及服务对象进展状况,支持个案管理员更有效地工作。由于服务对象拥有的自身和外部资源状况差异较大、面临的内部和外部困境及挑战复杂且多样,因此,本手册不建议将个案管理服务评估结果作为个案管理员绩效考核的依据。

建议将个案管理服务评估结果运用到以下方面。

● 监督服务介入过程

通过检查和分析介入过程，提示个案管理员在服务介入时需要遵循的原则、使用的技巧和方法、链接的资源、注意的介入方向和进度。

● 识别服务效果，巩固改变成果

评估能帮助工作者识别服务对象的改变，回顾改变的过程，总结能够促其增强社会功能、解决问题和增强改变动力的方法策略。

● 发现服务介入的问题，及时调整

找出服务介入中存在的问题，尤其是识别与目标不符甚至背离的情况，及时调整并明确下一步的目标及计划。

● 促进个案管理员的专业成长

帮助工作者反思每一个工作环节和整个服务介入过程，有机会让工作者总结介入的得与失、查缺补漏，进而促进专业能力的提升。

● 社会问责

对服务对象负责：请服务对象参与解决问题，与服务对象更新进展，了解服务对象对服务介入的满意度等。

对社会负责：检验反家庭暴力个案管理服务是否实现了专业目标和社会功能，以及社会资源的使用及效果评价。

对专业负责：确定工作者的介入成效，找出欠缺的地方，将评估结果用于后续的专业实践改进，促进服务质量提升。

(三) 反家庭暴力个案管理服务评估的工具

目前，个案管理服务评估尚无标准化的工具，可包含根据本手册第三章"个案管理流程"编制的服务过程评估工具、能够测量服务对象变化的量表、服务对象满意度反馈及对服务对象有意义的且与个案管理服务目标相关的量表或问卷等。

个案管理服务评估是由个案管理员或个案管理员及督导或管理者共同进行的定期实务评估。评估的间隔期间可能会因个案管理服务历时不同有所差异，可以参考如下建议频率，并根据需求进行调整。

- 个案管理服务预计历时一年以内的，可考虑在开始服务后半年或个案管理服务结束时进行评估；
- 个案管理服务预计历时超过一年的，可考虑进行两次评估，第一次在开始服务后半年左右进行，第二次在个案管理服务结束时进行；
- 个案管理服务预计历时超过两年的，可考虑进行三次评估，第一次在开始服务后半年左右进行，第二次在服务进行一年半左右进行，第三次在个案管理服务结束时进行。

1. 个案管理服务过程评估

本手册第三章"个案管理流程"中介绍了个案管理服务的基本流程，在进行个案管理服务过程评估时，本章推荐使用基于个案管理流程的《个案管理服务过程评估表》，便于个案管理员及督导或管理者使用，对所跟进个案的服务过程进行评估，参见附录B中表1。

2. 个案管理服务效果评估

进行个案管理服务效果评估时可以考虑使用两类工具。第一类为《个案管理服务效果评估表》，可以由服务对象填写或服务对象提供信息由工作者协助完成，见附录 A 中表 11。第二类为能够测量服务对象变化的工具，包括特定量表和对服务对象有意义的且与个案管理服务目标相关的问卷等，例如在个案管理服务前和介入一定时间后，分别使用《亲密关系暴力危险性评估量表（CIDA）》与服务对象一起进行危险评估，衡量服务对象危险等级的变化；服务对象想留在关系中改善与施暴者的关系，个案管理员可以与服务对象一起设定几个衡量其与施暴者关系的指标，个案管理服务前和介入一定时间后分别进行评估并衡量变化。

第八章 | 反家庭暴力个案管理员能力评估

（一）反家庭暴力个案管理员能力评估的作用

反家庭暴力个案管理服务尚处于整体社会资源有限的阶段，加之家暴事件往往情况十分复杂，需要个案管理员具有一定的胜任力，有较强的服务能力和资源整合能力。

个案管理员能力评估可以为介入服务的监测和对工作者的督导提供参考，可以了解新招聘和在岗工作者的态度、知识和能力状况，评估结果可以为督导或管理者提供能力建设和发展行动的参考。

定期进行个案管理员能力评估对于反家庭暴力个案管理服务具有特别意义，能持续性地推动个案管理服务质量提升，为服务对象可能发生的改变奠定基础。

（二）反家庭暴力个案管理员能力评估的框架和工具

1. 评估框架

根据本杰明·布鲁姆等心理学家提出的学习模型，结合个案管理员在个案管理服务中承担的职责,本手册将个案管理员能力评估分为三个维度:专业态度、知识储备和服务能力。

具体到反家庭暴力个案管理服务,工作者的专业态度指理解、接纳及遵循社会工作者的伦理准则和反家庭暴力相关原则,包括本手册第一章"基本原则"中提到的原则,本手册第二章"直接服务能力"中要避免的常见误区、理解和接纳服务对象、避免二次伤害、相信服务对象的潜能及暴力零容忍等态度;工作者的知识储备指知晓并掌握本手册第二章"直接服务能力"中的社会工作、社会学、法学、心理学等多个学科的相关知识和技巧,知晓和掌握本手册第三章"个案管理流程"中的流程和本手册第四章"特殊需求受害人的服务"相关知识等;工作者的服务能力指坚持专业态度、运用上述知识、使用技巧,为服务对象提供个案管理服务的能力。

本评估框架和工具的使用者包括督导或管理者及个案管理员等。督导或管理者可以通过评估确定个案管理员需要理念及技术支持的领域,在评估结束后提供支持和能力发展机会,提升和培养个案管理员的态度、知识和能力。

2. 评估工具

本手册建议的反家庭暴力个案管理员能力评估工具,如附录B中表2《反家庭暴力个案管理员能力评估工具》所示,评估结果分为两档:达成、未达成。达成指被评估的工作者在该维度满足目标概述的所有方面;尚需提高指工作者在该维度具有一定进展,但尚未满足目标概述的所有方面;未达成指工作者在该维度的所有目标概述方面均不符合。对于评估结果为尚需提高的,需要在评估工具的最后一列标明哪些方面未达成或哪些方面需要提高。评估的最后,督导或管理者和个案管理员需要根据评估结果,制定能力发展计划,并定期更新能力计划进展。

第九章 | 反家庭暴力工作者的关怀和福祉

（一）反家庭暴力工作者职业耗竭的定义和原因

如前所述，鉴于反家暴个案管理实务工作是一项具有紧迫性、情感性和目标性的专业服务工作，工作者所在机构应该清醒认识此项工作的性质和特点，制定能给予实务工作者心理和技术支持的制度，营造良好的机构文化和团队合作氛围，最大限度防止职业耗竭现象的发生，使工作者能够在实务工作岗位上有持续投入的动力和获得成就的价值感。

1. 职业耗竭的定义

在最新版的《国际疾病分类》（International Classification of Diseases，ICD）中，职业耗竭已经被世界卫生组织定义为与职业相关的疾病，世界卫生组织定义职业耗竭为未得到成功管理的长期工作压力引起的，即长期面对情绪紧张源和人际关系源产生的应激反应，而表现出的一系列心理、生理问题。职业耗竭常在助人行业中出现。

2. 职业耗竭的原因

反家庭暴力工作者,尤其是个案管理员及承担直接服务的反家庭暴力工作人员,是最容易遭遇职业耗竭的职业之一。

首先,反家庭暴力工作者在长期处于应对受害人救助这一紧张、高压和激动的情绪甚至危险的环境中工作。其次,家庭暴力事件的发生和持续往往源于复杂的内部、外部因素,难以在短期内完全消除,反家庭暴力工作者在个案管理服务中经常会遇到服务对象沮丧退缩、回应缓慢、行为反复、沟通无效,以及难以实现目标等情况。部分特殊需求服务对象处于多重困境之中,例如残障人士遭受家庭暴力、艾滋病毒感染者遭遇家庭暴力等,个案管理服务的推动难上加难。再次,在落实反家暴法的进程中有诸多挑战,如外部支持资源不足,工作者处于个案推不动的压力。最后,反家庭暴力的专业要求工作者在面对诸多压力的同时,对处于危机中的服务对象必须保持高度共情。长期如此,反家庭暴力工作者很可能会产生职业耗竭。

3. 替代性创伤的定义和产生

替代性创伤是反家庭暴力个案管理服务,尤其是危机干预中常见且独特的现象,可能会造成或加剧工作者的职业耗竭。

替代性创伤的产生与工作者对服务对象的同理反应有关,即工作者自己虽然没有遭受家暴、性侵、霸凌或自杀等事件,但因多次聆听当事人或别人讲述令人痛苦甚至绝望的负面信息,工作者的心理和情绪的耐受性超过了极限。反家暴服务个案的介入要求工作者在同理和共情中接纳当事人处境,很容易令状态不佳的工作者产生心理创伤反应。

替代性创伤的发生与工作者的自我概念和人生经历有关,价值理念、工作能力、知识框架及自我认同感影响着工作者回应家暴个案及当事人需求的能力。工作者在人生中曾经遭遇过创伤性事件却没能及时处理，很容易把服务对象的创伤性故事纳入自身的记忆系统，产生创伤事件闪回、做梦、记忆侵扰、害怕看到或听到创伤事件有关的事情和情境等症状。工作者的外界环境系统及社会支持资源也是重要影响因素，孤单面对会加剧替代性创伤反应，而身后有温暖、有支持性力度的团队及机构会减少替代性创伤的发生。

因此，替代性创伤会给反家暴工作者的身心带来不同程度的伤害，如果长期处于替代性创伤状态，则可能引起或加剧职业耗竭。

（二）反家庭暴力工作者职业耗竭的识别和应对

1. 职业耗竭的表现

职业耗竭的表现可分为三个维度，包括情绪耗竭、个人成就感低和去人格化，也称为工作冷漠感。

情绪耗竭指情绪情感极度消耗和疲劳，出现焦虑、失眠或抑郁，对反家庭暴力工作丧失热情，甚至对反家庭暴力工作感到恐惧和抵触，同时可能存在各种非典型的身体症状。个人成就感低指倾向消极的自我评价，难以体验到成就感，对反家暴社会工作的意义和自我价值评价持续下降，工作质量下降，缺乏效率感。去人格化（工作冷漠感）指产生与工作有关的消极或愤世嫉俗情绪，对工作、同事、服务对象抱有冷漠忽视的态度，不愿意社交，在服务过程中对服务对象失去耐心、不再柔和。

这些表现，可能是工作者职业耗竭和替代性创伤共同作用的表现。除此之外，替代性创伤还有一些特有的表现，McCann和Pearlman认为替代性创伤的主要表现为：

- 缺乏动力，感觉自己想做的事很多却没有时间；
- 不愿意参与聚会等集体活动、交流困难；
- 很难保持冷静、很难觉察和控制自己的情绪；
- 难以应对焦虑和不安、无法自我调节应对困难。

2. 职业耗竭的识别

出现上述表现，往往意味着工作者面临着职业耗竭或替代性创伤，机构需要对工作者提供支持，工作者也需要进行自身的调节。有些时候，工作者及所属机构并没有面对和处理职业耗竭的经验，甚至无法察觉到职业耗竭的出现，工作者可以通过以下简单的自查来识别职业耗竭是否出现。

- 在准备上班或走进办公室时，你是否曾感到一种恐惧？
- 你是否曾发现自己在休息时间思考服务对象的经历或工作日发生的事件？
- 你是否发现自己整天都想睡觉，或者根本睡不着？
- 你是否曾感到无法关掉电子邮件、关闭手机或离开办公室？
- 你是否曾在整个工作日的部分或全部时间里，避免和同事、伙伴相处？

如果这些问题的答案都是肯定的，或者大部分问题的答案是肯定的，那么工作者很可能遭遇了职业耗竭，工作者的身心会受到损害，工作者的个案管理服务质量也会受到影响，进而影响服务对象的权益。因此，职业耗竭需要机构和工作者共同应对。

3. 职业耗竭的应对

职业耗竭的应对需要机构和工作者的共同行动。

机构可以通过多种方式预防和应对职业耗竭，包括创建平等、透明的机构文化，鼓励上下级间、同事间多沟通，管理者和工作者定期一对一沟通，定期团队建设活动，为工作者提供第三方督导和定期心理支持及为工作者发掘职业发展机会等。

工作者可以通过以下方法来应对职业耗竭。

（1）正视职业耗竭

了解职业耗竭的产生和表现，提高自我察觉能力。每个人都可能会经历职业耗竭，这是自然的反应，并不代表个人能力差。职业耗竭也有积极的意义，可以帮助工作者重新平衡生活和工作，发现不足，提升专业水平。

（2）设定界限

工作者为自己从时间和内容上设定与工作相关的界限，例如需求不属于机构服务内容的服务对象，工作者在友善告知其机构和自己无法提供服务、分享资源后，不再提供服务；某个时间点之后，除了紧急电话外，不再接听电话、不再查收邮件；午饭时间进行10—15分钟的冥想，完全从工作状态离开，获得休息；定期投入部分时间用于放松和休闲；不把工作中的角色过多地带入家庭生活等。

（3）寻求帮助和支持

首先，在进行个案管理服务过程中，工作者可以求助同事或者与同事合作处理某些个案；其次，向同事请教如何避免职业耗竭，即使同事无法减轻工作者的工作量，如果能够每周一起喝杯咖啡或茶，互相支持也很好；再次，在遇到职业耗竭的时候，及时向督导或管理者寻求帮助和支持；最后，必要时，寻求心理方面的专业指导和帮助。

对于遭遇替代性创伤的工作者，可以参与团体辅导活动，在团体活动中分享经验，通过集体的智慧、互动和分享来疗愈工作者的替代性创伤。

(4) 自我关怀和调节

工作者需要通过丰富生活内容，保持个人生活和单位工作的平衡，均衡饮食，积极参与有益的运动锻炼来保持身心健康。工作者还可以规律地进行至少一项减压的爱好，例如绘画、弹琴、打球等。

对于遭遇替代性创伤的工作者，应格外注意运用自身可解决问题的内在资源调节身心困扰。

(5) 完善自己的社会支持系统

工作者应注意建立和完善自己的社会支持系统，包括机构、团队和同事的支持，与外部同行保持联系。此外，工作者应抽时间和自己的配偶、家人在一起，经常与朋友联系，进行工作外的社交。

(6) 积极促进个人的成长

工作者可以将职业耗竭转化为个人成长的机会，接纳自己的不完美，努力突破自我，例如定期参加培训，向同事学习，补充能量；主动寻求督导或管理者的反馈，制定能力发展计划等。针对遭遇替代性创伤的工作者，还应着重注意提升心理创伤救助水平。

（7）重塑价值感

工作者可以与督导或管理者共同分析反家庭暴力个案管理服务的内外部挑战，正视机构和个人层面无法解决的外部挑战，预估可能会遇到的问题，调整心理预期，保持专业身份的认同和价值感。

同时，工作者应学会从服务对象的逐渐成长和微小改善、与服务对象的互动和服务对象的反馈中获得价值感。很多时候，服务对象细小的举止也有较大的温情。工作者可以将每月得到服务对象"会心感谢"的数量作为目标，获得成就感。

第十章 | 手册使用

（一）参与式培训

实务是把学习到的理论融会贯通，通过实践性活动，提高学习者的主体思维及行为能力的一种学习及实践过程。实务能做现实分析，能指导实践操作，可形成有效的行动方案。

反家暴实务是将与家庭暴力研究及干预的相关理论、原则和方法紧密结合于家庭暴力个案的介入，使暴力行为得到处置、服务对象处境获得改变的具体的、可操作的工作模式和服务手法。

可见，实务是理论结合实践的过程，更是知识转化为行动的过程。鉴于此，本手册的相关重要知识点——反家暴理论、基本原则、相关概念、干预流程等等重要知识点就不仅是浮悬空中的学术名词，而是鲜活的、可以用于家暴干预实践的有效导向工具。

如何有效传递本手册知识？建议运用参与式方法进行反家暴实务能力建设培训。

1. 什么是参与式培训

参与式培训是通过组织、启发、激励学员积极参与到教学过程中的教学活动。

(1) 以学习者为中心的参与式培训

参与式培训与讲座式培训不同，具体差异详见表 10-1。参与式培训使得参与者在开放、包容、平等、尊重的关系中互动，吸引参与者投入其中，思考、探寻新的概念和知识。

表 10-1 讲座式培训与参与式培训的差异

	讲座式培训—— 教师/专家	参与式培训—— 协作者
培训目的	传授知识和信息	获得并掌握专门知识和技能
培训方法	讲授、灌输	运用各种方法去引导和催化
培训者的角色	权威，是教师/专家	协助、促进，是协作者
参训者的角色	被动接收的"容器"	反思、发现、分享，学习＋贡献
知识的形成	在单向传递中接受概念	多向交流、平等对话
学习的主动性	外在压力——记忆背诵	内在动力——思考、感悟和学习
学习过程及关系	主导、掌控过程	平等开放、尊重差异，达成共识
人际互动	较少、单一的人际关系	多向、丰富的人际互动
谁是中心	以讲授者为中心	以参与者为中心

参与式培训认同如下理念：

• 相信人与人之间关系平等；
• 认为每个参与者的人生经验都有意义；
• 经过集体合作共同建构过程获得的知识能更丰满、有意义；
• 协作者尽力营造平等、尊重、开放的氛围促使学习者在参与和分享中获得价值感，尽力赋权增能，促进个人的成长。

参与式培训是一种积极主动的学习方式。"学习金字塔"揭示了主动学习和被动学习的不同效果，参见图 10-1。

图 10-1　学习金字塔①

2. 参与式培训的方法

协作者在参与式培训中会非常注重运用各种灵活、生动的方法

---

① 来源：美国国家培训实验中心，缅因州。

吸引学习者投入知识技能的学习中。不同的参与式培训方法在启迪引导、激发触动、整合聚焦等方面有独特的功能，其重要的特色就是吸引学习者全身心投入其中，不同方法的功能参见表 10-2。

表 10-2　常用参与式培训方法特点及使用提示[①]

方法	概念及操作	特点及风险	协作者关注
游戏与分享	由参与者共同参与带有娱乐性的活动。	有利于活跃气氛、提高兴趣和注意力，引出相关议题。有些人可能认为过于儿童化而影响情绪投入。使用过多或不当会影响培训效果。	游戏因其功能不同可在培训的不同情境中使用。在促进关系建立、热身、放松与娱乐时使用；也可用于促进深入思考。注意要根据参与者特点选择适当的活动。
互相访问	参与者根据命题以记者的身份对另外的参与者进行有目标的采访。	有利于促进互相了解。但在参与者人数较多的情况下占用时间较多。	多用于培训开始促进良好关系的建立；也可以用于对问题的分享与讨论。人数多、时间紧的情况下不宜使用。
头脑风暴、自由联想	参与者在协作者引导下开动脑筋对某一命题进行联想，并用"关键词"表达出来。	具有集思广益、扩展思维、相互碰撞、相互启发的作用。可在较短时间内获得大量信息。有人可能因反应慢而感觉有压力。	协作者注意调动和启发更多人投入；努力营造接纳、包容不同观点的氛围。协作者应具备启发、扩展和总结归纳的能力。

---

① 李洪涛、吕红平主编：《社会性别与生殖健康培训教材》，中国人口出版社 2009 年版。

续表

方法	概念及操作	特点及风险	协作者关注
写卡片	协作者提出命题，分发若干卡片给参与者，大家将观点写在卡片上（每张卡片写一个观点），对卡片归类、分析，并逐一解释。	每个人都能够参与，在呈现团体智慧的多样性中相互学习。具备对诸多卡片分类的能力。可能会有人游离。	协作者注意启发、扩展参与者的思维；具备对诸多卡片内容迅速做出分类的能力。可在参与者中选择志愿者协助。
案例分析	根据培训目标，用典型案例带动参与者深入探讨其原因及影响，以达到对某些概念、命题有更深入理解的目标。	与实际相联系的典型案例讨论能够启发参与者结合自己的经验进行反思。如果案例和讨论题设计或人员配置不当，或小组人数过多，有些人可能游离在外。	协作者应明确目标，精心挑选和编写案例，在任务布置时围绕目标提出讨论题；若分小组，人数最好5—7人；鼓励畅所欲言；视情况进行必要的引导，以防跑题。
角色扮演及分析	协作者布置任务，由参与者分别扮演某情境中不同人物，以表现某些情节故事，之后分享感受和体会。	能随角色迅速进入情境，触动内心感受，带来思考。同时能活跃氛围，促进参与。有些人可能过于拘谨，影响投入。	协作者在任务布置时要给出明确的目标与规定。鼓励参与者尽快进入角色。本活动不宜安排在培训初始彼此还不熟悉时。

续表

方法	概念及操作	特点及风险	协作者关注
人体雕塑、分析	参与者扮演某些情境中的人物,其动作停滞在某状态之中。	能充分调动参与者参与,有利于深入探讨问题。有利于理解不同情境中的人物状态及相互间的关系。有些人会拘谨而不参与。	协作者在任务布置时要给出明确的目标与规定。同上,活动安排应注意小组情况。
影视评论	选择典型电影欣赏后进行讨论。	具有可视性,能调动参与者参与。有利于深入理解相关概念与内涵。但若协作者引导不力或讨论题设计不当,会影响参与。此方法占用时间较多。	协作者要精选切合主题的影视作品,并在观看前结合培训目标布置观后要讨论的问题,以利于参与者带着问题观赏影视。
小段讲解	协作者深入地对某些概念、观点及评述进行讲解。	精练地归纳、概括和讲解能起到融会贯通的作用。但是语言冗长、无重点,会使人厌倦、游离。	应选择恰当时机以精练的话语总结或点评此阶段的培训要点及需要呈现的重要概念。

续表

方法	概念及操作	特点及风险	协作者关注
小组讨论、大组分享	参与者在小组中对问题进行深入思考，小组汇报人在大组中汇报小组讨论的要点	最常用的方法，能调动积极性，在相互交流分享中有团体的产出。但是如果组织不严谨会使某些人游离。	注意给出明确的讨论题、限定时间、安排小组讨论的主持人或汇报人，分组时还应注意组员的组合搭配及协作者的适当点评。
演讲	由参与者富有激情地对某些话题、观点或情节进行阐述。	演讲前认真准备、演讲中认真投入，能促使参与者提高自信和表达观点，有人可能感到紧张、有压力。	明确参与式培训也是赋权过程，注意启发参与者放弃顾虑，积极投入，并及时给予鼓励。
讲故事	参与者每人一句话，最后衍生出一个故事。	活跃气氛，调动每个人的思维。有些人可能会在接龙时有紧张感。	注意营造轻松的氛围，启发参与者开动脑筋，放松投入。
站立场、辩论	协作者设计若干命题，参与者思考后，站在"同意""不同意"或"说不清"不同队伍中。各方逐一申明观点，进行辩论。	促使每个人思考问题、表明观点。在不同观点表达的过程中使问题得到澄清，向深层认识拓展。有些人可能游离在外。	观点不同会引发辩论，协作者注意给各方公平的时间去充分表达，并引导大家在倾听不同的声音之中对问题的讨论逐步深化。

续表

方法	概念及操作	特点及风险	协作者关注
绘画与展示	参与者画命题画,并将参与者的画张贴在墙上,引导大家分享。	可以使每人都参与其中;在诸多的绘画及分享中促进了解,获得知识。有些人可能认为自己不会画画而影响参与。	绘画的目的是表达内心的感受,协作者的启发和鼓励至关重要;应请绘画者分享其中的含义,并引领大家对每幅画提出问题和讨论。
冥想	协作者用引导语将参与者带入某种情境中,以达到回顾过去、认识自我、提升能力的目标。有些冥想活动仅仅是放松和调整身心。	能够使参与者的身心在放松和投入中获得新的感悟。有些人可能因为不能进入情境而影响参与效果。	此活动的设计和安排需要有前期的铺垫,最好放在培训的中后期。协作者在设计冥想的引导语时要有明确的目标。活动场所要绝对安静,不受干扰。
剧场	将案例故事以短剧方式分幕表演;给出新概念,引导参与者讨论并做出再展示的设计;参与者将讨论的结果以短剧方式表演。	充分的讨论和对比性剧场表演能够让参与者对相关新概念有深入的理解和认识。有些人可能因某些原因投入不够而影响效果。	协作者需要对两次剧场演出的目标、内容做设计与安排。同时明确提示每个人的任务和责任,以保证参与者的投入。

3. 培训前的准备

(1) 学员人数

参与式培训学员人数不宜过多,通常在 25—30 人,否则协作者难以关注到每位学员。如果条件够,可以将学员扩大到 35—40 人。

(2) 场地布置

培训场所要光线充足,空气新鲜。教室有较多的白墙或墙面,以便于粘贴培训产出。活动的座椅,分组摆放或围成圆圈,有利于人与人之间的交流。备有自取的茶水。培训前应该实地检查培训场地,以便及时做出调整。

不同的场地布置对不同的培训方法各有优缺点。以下几种场地布置方法供参考,① 参见表 10-3。

表 10-3 参与式培训座位安排的选择

桌椅排成排	U 形

---

① 引自全国妇联国际部翻译的国际劳工组织消除童工项目:《权利 责任 代表 培训者工具包》,东亚地区办公室,曼谷。改编自:Pretty 和其他人《培训者指南》,第 16-17 页。

优点	缺点	优点	缺点
能够在房间里坐下很多人；每个人都能面向前方。	太正式了，人们常常首先坐在后排；学员之间没有目光的交流；培训者不能在学员中间走动；不容易分成小组。	培训者和所有的学员都有目光的交流；培训者能在学员中间走动。	同排的学员之间没有目光交流；不能坐很多人；不容易分成小组。
会议型		鱼骨形	
优点	缺点	优点	缺点
大多数人都能目光交流。	不适合很多人；不容易分成小组；一些学员可能会开小会，破坏会议进程。	对全体会议和小组活动都适合；方便培训者在学员中间走动。	不适合很多人；在学员中间只有部分有目光交流；坐在最后的学员会感到被开小会，被排除在外。

续表

椅子排成圆形或半圆形		桌子排成圈	
优点	缺点	优点	缺点
非正式，轻松、平等；每个人都可以目光交流；学员可以不固定在特定的座位上，易于在不同的活动中走动。	只适合人少时；看上去不像在工作；令害羞的人感到不安；如果圈大的话，学员坐得离对面的人太远。	学员彼此挨得很近；方便培训者在学员中走动；适合小组活动。	占据空间太大；坐在相反方向的学员相互之间没有良好的目光交流。

（3）培训材料

大白纸及彩纸，A4打印纸（白色、各种彩色），粗水笔（黑色、蓝色、红色），彩色水笔，剪刀，胶带，蓝丁胶，培训所需的其他材料。

（4）其他准备

明确培训目标；对培训者做出筛选；确定协作者；培训前做需求调查；培训内容的设计及准备。之后根据培训目标和内容做前测问卷、后测问卷的设计；培训后做总结。

4. 参与式培训内容设计

培训目标确定后，协作者需要对培训内容做出设计，包括培训时间、培训地点、培训目标及协作者。

可以使用表 10-4，作为工具，经协作者团队认真讨论后填入，将其中诸项内容填写完整。

表 10-4 参与式培训内容设计

时间	议题	内容	方式	所需材料	协作者

（二）培训课程设计

家庭暴力的发生源于极多因素，有着深刻的复杂原因，涉及个人、关系、社会系统和文化等诸方面。因此，提供家暴干预相关服务绝不是凭感觉和经验就能完成的，需要运用相关理念、原则、技巧等一整套专门的知识和技能，才有可能使家暴案例的干预富有成效。

进行社会组织服务者的反家暴实务培训，可以根据学员现有反家暴知识和能力的状况分为基础性培训和进阶性培训。基础性培训通常是对反家暴基本原则、知识和技能的学习；进阶性培训则针对已经接触并干预过家庭暴力个案，但需要进一步提升专业能力的学员。

无论是基础性培训还是进阶性培训，都建议结合内容运用各种参与式方法，可参考表 10-2《常用参与式培训方法特点及使用提示》进行培训设计。

1. 基础性培训

（1）培训目标

运用参与式方法使学员对手册中的反家暴理念、原则、技巧方法及相关知识有初步的理解和运用。

（2）建议培训时长

1—2天。

（3）培训内容

- 关于"家暴迷思"的讨论；
- 社会组织反家暴的专业素养——基本原则、态度和知识；
- 对个案管理及流程的介绍；
- 典型案例的分析与干预。

2. 进阶性培训

（1）培训目标

运用参与式方法使学员将手册中的反家暴理念、原则、技巧方法及相关知识运用在个案处置的过程中。

（2）建议培训时长

3天左右。

(3) 培训内容

• 关于"家暴迷思"的讨论；

• 社会组织反家暴的专业素养——基本原则、态度和知识；

• 个案管理及流程——接案与建立关系、资料收集与评估、制定服务目标和服务计划、服务介入与实施、结案与评估；

• 身处交叉歧视和暴力困境中特殊需求受害人的服务；

• 典型案例的整合性分析与演练——前置剧情演绎、重演互动与讨论；

• 个案工作者的自我关怀与成长。

附录

附录 A　反家暴个案管理档案样本

表 1　个案管理档案封面

××机构

个案资料

个案编号：
所属领域：
负责社工：
开案日期：
结案日期：

表 2 个案档案储存指引

个案编号		负责社工	
表格		完成"√"	备注
内容	个案管理服务须知		
	个案工作申请与预估表		
	个案信息表		
	家庭暴力受害人伤害评估记录表		
	亲密关系暴力危险性评估量表		
	家庭暴力受害人需求评估表		
	个案管理服务记录表		
	结案登记表		
	个案管理服务效果评估表		
	转介服务单		
	其他文件： 例如，家暴证据材料等、家暴告诫书、人身安全保护令、心理报告或评估报告		

表3 个案管理服务须知

服务使用指引

为保障服务使用者权益，保证服务质量，透过该指引协助服务使用者明晰申请、接受和退出服务的程序。

申请服务

（1）凡符合本机构岗位个案管理服务范围内的社区居民皆可申请本机构个案管理服务。

（2）负责个案管理员应对有需要的社区居民、个案转介及主动求助者做适时处理，会于三个工作日内与服务对象做初步的跟进及安排。

（3）机构应定期开展个案回顾，确保每个个案管理服务都能有效及合适地推展，确保服务质量。

（4）若负责个案的管理员离职，机构应安排另一位个案管理员继续跟进有需要的个案，确保服务得以延续。

接受服务及保密机制

（1）凡服务对象同意接受服务，在《个案管理服务须知》上签字，便可接受个案管理服务；并可随时自愿退出服务。

（2）您在申请/接受本机构服务时，本机构个案管理员会解释收集个人资料的目的。

（3）您的所有资料本机构均会小心保存，并只允许制定个案管理员或督导索阅及使用。除获得您的同意及督导批准外，个案管理员不能擅自将您的资料带离本机构。

（4）您若想查阅、修正个人资料，可以向负责个案的管理员提出。

（5）若本机构遇有需要提供或转介您个人资料给其他人士或机构时，必须事前得到您的同意。但遇特殊情况，如事件涉及人身安全或法律规定，本机构在知会您或监护人后，便可酌情处理。

（6）本机构的公开的服务及运作数据可供您索阅，包括派发年报、传单，或以网页、展板等形式公布。

（7）您有权参与服务反馈，表达对本机构服务之意见，方法可包括意见调查或向个案管理员表达意见等。

意见收集及投诉

（1）对本机构服务，您有权反映意见或投诉，途径包括填写服务对象满意度调查表及直接向机构反映。

（2）收到意见或投诉后，本机构相关负责人会于五个工作日内致电或约您见面了解情况，从速解决问题。若经过商讨后未能解决问题，本机构负责人会告诉您如何跟进，并定出向您报告行动结果的时限。

（3）若怀疑权益或身心受侵犯，可向本机构投诉。以上意见或投诉皆可致电本机构，本机构将有专人接听您的来电并进行跟进。

服务对象签名：　　　　　　　　社工签名：
日　　　期：　　　　　　　　　日　　　期：

表 4　个案管理服务申请与预估表

个案编号					
申请日期			社工姓名		
案件来源	本人求助□ 他人求助□ 强制报告□		社工发现□ 机构/部门转介□ 其他□（请注明：　　　）		
服务对象基本信息					
姓名		性别		年龄	
学历		职业		月收入	
联系方式					
家庭住址					
婚姻状况			子女状况		
配偶基本信息					
姓名		性别		年龄	
学历		职业		月收入	
子女基本信息					
姓名		性别		年龄	
学校		年级			
姓名		性别		年龄	
学校		年级			

续表

求助情况描述	
是否接案	个案管理员初步评估及判断： 督导或管理者判断：

表5 个案信息表

个案编号	
服务对象基本信息	

姓名		性别		年龄	
民族		性倾向			
学历		职业		月收入	
联系方式					
家庭住址					
属于哪个特殊需求群体	( ) 残障人士 ( ) 感染者 ( ) 性少数群体 ( ) 老年人 ( ) 儿童 ( ) 其他（请注明： ）				
婚姻状况			生育状况		
身心状况					
加害人基本信息					
与受害人关系					
姓名		性别		年龄	
民族		性倾向			
学历		职业		月收入	
联系方式					
家庭住址					

续表

婚姻状况			生育状况		
身心状况					
行为嗜好					
服务对象子女基本信息					
姓名		性别		年龄	
学校		年级			
是否目睹家暴或遭受家暴					
身心状况					
姓名		性别		年龄	
学校		年级			
是否目睹家暴或遭受家暴					
身心状况					

图1：家谱图绘制与分析

图2：生态图绘制与分析（接受个案管理服务前）

续表

服务对象自己的陈述
记录内容包括：受害人的个案社会成长史、生理状况、心理情绪状况、社会环境状况；加害人的行为嗜好、有无犯罪记录、原生家庭与社会关系、成长经历（是否有目睹或遭受家暴）、对家暴的态度等等。一般此内容的记录在接案时完成。

服务对象目前的主要问题

个案管理员的观点（对服务对象问题的初步分析、评估及建议）
社工（签名）： 日期：　　年　　月　　日

服务目标

续表

服务计划及内容

督导意见
督导（签名）： 日期： 年 月 日

备注

表6　家庭暴力受害人伤害评估记录表

所遭受暴力的类型	（　　）身体暴力 （　　）情感暴力 （　　）性暴力 （　　）经济控制					
受暴历史		发生时间及地点	身体伤害	心理伤害	其他伤害	是否鉴定
	第一次					
	最近一次					
	最严重的一次					
施暴情况	施暴方式					
	施暴频率					
	施暴前征兆					

续表

其他人	子女受害情况	
	其他家属受害情况	
曾采取的应对措施与处理效果，特别是成功经验		

表7 亲密关系暴力危险性评估量表

表7-1 （CIDA-S）简表

测试编号：

亲密关系暴力危险性评估量表（CIDA-S）简表

孟 莉　李洪涛　付昨霖[①]

　　此量表用于评估亲密关系暴力中受害人的危险性，以帮助受害者避免可能的潜在风险。测试的过程和结果需遵循相关伦理规范。在遵循法律及受测者知晓的基础上，使用该测试结果。

1. 受害人姓名_____　年龄_____
性别：男□　女□　其他□
联系人及联系方式：
住址：
2. 接待机构名称及联系方式：_____
接访人员姓名：_____
填表日期：　　　年　　月　　日
受害人（或代理人）签名：

---

① 本量表获得亚洲基金会全程支持。测试及数据分析工作为中国法学会原反家暴网络/研究中心项目。

请根据近一年来的实际情况,在每题右边的"是"或"否"栏内打(√)

第一部分5题中,任何1题选择"是",都需要考虑高危风险性。第二部分不计分,仅用于主观评估,帮助了解受害人主观感受。

第一部分:测试题目	是	否
1. 对方曾做过掐脖子、迫使你呛水、用枕头闷等使你无法呼吸的行为		
2. 对方曾对你做过推下楼、灌毒药、浇开水、泼汽油、用车撞、开燃气等其他明显的致命行为		
3. 对方说过"要分开就一起死"或"要死一起死"之类的话		
4. 对方曾威胁要杀你		
5. 你相信对方可能会杀你		

第二部分:受暴人目前处境的自我主观评分

请受暴人根据未来一个月内家庭暴力危险发生的可能性做出主观评估,在下面相应的□上打"√"。

不太危险□   有些危险□   很危险□   非常危险□

处理意见:

表 7-2 （CIDA）15＋2 量表

测试编号：

亲密关系暴力危险性评估量表（CIDA）[①]

孟　莉　　李洪涛　　付昨霖

此量表用于评估亲密关系暴力中受害人的危险性，以帮助受害者避免可能的潜在风险。测试的过程和结果需遵循相关伦理规范。在遵循法律及受测者知晓的基础上，使用该测试结果。

第一部分：基本信息

一、受害人基本信息

1. 姓名：　　　　　年龄：

性别：男□　　女□　　其他□

2. 联系人及联系方式：

住址：

3. 存在下列情况（可多选）：

视力障碍□　听力障碍□　言语障碍□　肢体障碍□

智力障碍□　精神障碍□　多重障碍□　其他障碍□

4. 工作现状：

有固定工作□　　　有临时工作□

有兼职工作□　　　无工作□

5. 教育程度：

小学及以下□　　初中□　　高中□　　大专大学□

研究生□

[①] 本量表获得亚洲基金会全程支持。测试及数据分析工作为中国法学会原反家暴网络/研究中心项目。

6. 性倾向：

同性恋□　　异性恋□　　双性恋□　　不确定□

7. 婚姻状态：在婚□　　未婚□　　离婚□

8. 生活状态：同居□　　分居□

9. 童年时目睹或经历过家庭暴力：

是□　　否□　　不确定□

10. 怀孕期间遭受对方家庭暴力：

是□　　否□　　不确定□

二、施暴人基本信息

1. 姓名：　　　　年龄：

性别：男□　　女□　　其他□

2. 存在下列情况（可多选）：

视力障碍□　　听力障碍□　　言语障碍□　　肢体障碍□

智力障碍□　　精神障碍□　　多重障碍□　　其他障碍□

3. 工作现状：

有固定工作□　　有临时工作□　　有兼职工作□

无工作□

4. 性倾向：

同性恋□　　异性恋□　　双性恋□　　不确定□

5. 有下列行为（可多选）：

赌博□　　酗酒□　　吸毒□　　犯罪前科□　　物质依赖□

其他□

6. 童年时是否目睹过家庭暴力：

是□　　否□　　不确定□

三、接访机构基本信息

1. 机构名称：＿＿＿＿＿＿＿＿＿＿＿＿

2. 联系方式：＿＿＿＿＿＿＿＿＿＿＿＿

3. 测试人/接访人：＿＿＿＿＿＿＿＿＿＿＿＿

四、计分方式

量表包括15道测试题、2道特别提示题、1道受害人主观评分题，共三部分。

1. 15道测试题中，每题回答"是"的计1分，累加后计总分。3分以下为"低危险"；4至8分为"中危险"；9分及以上为"高危险"。

2. 2道特别提示题中，任何一题选择"是"，即为"高危险"。

3. 主观测试题中，可根据受害人的主观评估，分别将"不太危险"和"有些危险"判断为"低危险"；将"很危险"判断为"中危险"；将"非常危险"判断为"高危险"。

三个部分试题的答案判断越一致，说明危险程度越高；三个部分判断不一致，工作人员应注意收集更多信息，尝试寻求解释。

第二部分：测试题目

共15题。请根据近一年来的实际情况，在每题右边的"是"或"否"栏内打（√）。	是	否
1. 对方经常有跟踪、监听、查手机、定位等监控你日常生活的行为		
2. 对方经常会在经济、行动自由等方面对你进行控制		
3. 对方威胁或使用过暴力手段逼迫你或阻止你离开		
4. 对方曾对你使用过刀、枪、棍棒、打火机等危险性的工具		

共 15 题。请根据近一年来的实际情况，在每题右边的"是"或"否"栏内打（√）。	是	否
5. 对方曾故意伤害你的下体、胸部等性器官，或对你进行性虐待		
6. 对方对除你以外的其他家庭成员、朋友、同事、邻居等人也会有身体暴力		
7. 过去一年来，对方对你的身体施加暴力的频率越来越高，或程度越来越严重		
8. 对方目前每周喝醉四天以上		
9. 对方目前遇到经济/感情/亲属/健康/法律/工作等某方面的重大压力事件		
10. 对方常常会蔑视或侮辱你		
11. 对方曾威胁要自杀或尝试要自杀		
12. 对方说过"要分开就一起死"或"要死一起死"之类的话		
13. 对方曾威胁要杀你或你的家人		
14. 你相信对方可能会杀你		
15. 你想到过或尝试过自杀		
以上选择"是"的题，每题计1分；选择"否"的题，不计分。 共计：＿＿＿分		
特别提示题	是	否
1. 对方曾做过掐脖子、迫使你呛水、用枕头闷等使你无法呼吸的行为		
2. 对方曾对你做过推下楼、灌毒药、浇开水、泼汽油、用车撞、开燃气等其他明显的致命行为		

续表

受害人目前处境的自我主观评分
请受害人根据未来一个月内家庭暴力危险发生的可能性做出主观评估，在下面相应的□上打"√" 不太危险□　　有些危险□　　很危险□　　非常危险□

填表日期：　　年　　月　　日　　受害人（或代理人）签名：

第三部分：接访人对测试的反馈

1. 根据测试情况描述：

量表评分与受害人主观评分是否一致？请做简单评价。

受害人评估与接访人评估是否一致？请做简单评价。

其他：

续表

2. 接访人员对受害人的主观观察：
3. 处理意见与建议：

表8 家庭暴力受害人需求评估表

评估项目	具体情况	解决途径
人身安全需求		
身体健康需求		
心理健康需求		
法律维权需求		
经济支持需求		
子女照顾需求		
其他需求		

表9 个案管理服务记录表

个案编号			第 次服务	
服务对象姓名		性别		年龄	
服务时间			地点	
服务形式			工作人员	

跟进记录：	督导批注：
个案管理员总结与反思：	
下次计划：	

表 10 结案登记表

个案编号					
服务对象姓名		性别		年龄	
联系电话		学历		民族	
开案日期			结案日期		
案件来源					
主要问题					
服务目标					
个案发展情况					
服务对象目前状况					

结案原因	☐达到目标 ☐没有所需服务 ☐因其他原因不适宜继续跟进（请注明原因） ☐服务对象不愿意继续接受服务（请注明原因） ☐转介 ☐其他原因（请注明原因）
备注	

表 11 个案管理服务效果评估表

个案编号			
服务对象姓名		填写日期	

1. 您对为您提供服务的个案管理员表现满意吗？
□非常满意 □满意 □一般 □不满意 □非常不满意

2. 该个案管理员是否为您提供了帮助？若提供了帮助，是提供了何种帮助？请从下列范围挑选（可多选）

□没有提供帮助	□提供有用资料	□提升了对家庭暴力的理解
□协助就医、伤情鉴定	□制定安全计划	□报警求助
□链接或提供法律援助	□协助紧急庇护	□陪伴与心理支持
□链接心理咨询资源	□婚姻关系改善	□家庭关系指导
□转介服务	□关注子女，安抚沟通	□生活适应能力提升
□司法矫正/安置帮教	□行为问题解决	□学习问题解决
□人际关系辅导	□链接或提供康复服务	□就业辅导
□链接经济援助	□其他（请注明）	

3. 总体而言，个案管理服务能否协助您解决您的困难？

完全不能　　　　　　　　　　　　　　　　　　完全解决
　　1　2　3　4　5　6　7　8　9　10

续表

4. 接受本机构的个案管理服务后,您面对的问题是否改善?

完全没有改善　　　　　　　　　　　　完全解决
　1　2　3　4　5　6　7　8　9　10

5. 接受本机构的个案管理服务后,您对解决您的困难的信心度如何?
□非常有信心　□有信心　□一般　□没信心　□非常没信心

6. 接受本机构的个案管理服务后,您是否掌握了应对家庭暴力的方法?

完全未掌握　　　　　　　　　　　　完全掌握
　1　2　3　4　5　6　7　8　9　10

7. 个案结束,您认为是否达到预期的目标?
□是　□否(原因:　　　　　　　　　　　　　　　　　)

8. 是否有关于对个案管理员工作的意见和建议?如果有,请记录下来。

9. 如果您下次还需要服务,您还会继续选择我们的服务吗?
□是　□否(原因:　　　　　　　　　　　　　　　　　)

10. 工作者无法满足您的某些需求时,是否向您提供/转介了其他相应资源或服务?
□是　□否(原因:　　　　　　　　　　　　　　　　　)

表 12 转介服务单

个案编号			
受转介单位		转介人	
转介原因		个案来源	
服务对象资料			
姓名		性别	
联系电话		年龄	
地址			
个案情况			
评估及跟进内容			
转介原因或建议			

转出单位：

转出日期：

附录 B　反家暴个案管理服务评估

表 1　个案管理服务过程评估表

评估维度		目标概述	评估分数[①] (达成:1分, 未达成:0分)	需提高的内容[②]
1. 关系建立	1.1	能够与服务对象建立和保持专业关系		
	1.2	积极与机构同事、同行和反家庭暴力的多部门等建立和保持关系		
	1.3	通过上述关系推动反家庭暴力个案管理服务		

续表

评估维度	目标概述	评估分数① (达成:1分, 未达成:0分)	需提高的内容②
2. 评估	2.1 能够判断个案是否超出机构服务范围,并采取相应回复		
	2.2 通过和服务对象的多次接触,能够收集服务对象遭受家庭暴力相关信息		
	2.3 能够在合适的时机使用《亲密关系暴力危险性评估量表(CIDA)》,明确服务对象面临的家暴风险		
	2.4 能够识别服务对象多维度的需求,协助服务对象了解自身隐藏的需求,协助服务对象了解紧急、重要和立即可行的需求		
	2.5 能够识别服务对象的自身资源、家庭系统相关资源及社会资源,尤其是与家庭相关的多部门、多专业资源		
	2.6 能够识别到服务对象的特殊需求,如未成年人、残障、老年、性少数群体及男性等		
	2.7 能够判断何时个案应该结案		

续表

评估维度	目标概述	评估分数[1]（达成:1分，未达成:0分）	需提高的内容[2]
3. 服务计划	3.1 制定的短期和长期服务目标回应了服务对象的合理需求		
	3.2 制定的不同服务周期的服务计划回应了危险评估的危险等级，优先考虑了服务对象及其家人，尤其是未成年人子女的人身安全		
	3.3 制定的不同服务周期的服务计划与服务目标具有明确的逻辑关系		
	3.4 制定的服务目标和计划以受害人为中心		
	3.5 制定的服务目标和计划，将服务对象赋权增能作为重要考量		
	3.6 制定的服务目标和计划，考虑了服务对象的特殊需求		
	3.7 邀请服务对象参与了服务目标和计划的制定和更新，推动案主自决		

续表

评估维度	目标概述	评估分数①（达成:1分，未达成:0分）	需提高的内容②
4. 介入干预	4.1 能够围绕服务目标，依据服务计划进行干预		
	4.2 能够定期评价服务计划的进展，并根据结果进行服务目标和服务计划的调整		
	4.3 能够在合适的时机为服务对象链接多部门资源和专业资源		
	4.4 能够及时地为服务对象提供相关信息，支持服务对象获取其他支持		
5. 沟通和共情	5.1 保持不批判、平等协商的态度		
	5.2 专注、积极倾听、接纳、回应服务对象		
	5.3 在沟通中尊重、坦诚、赋能		

续表

评估维度	目标概述	评估分数① （达成:1分， 未达成:0分）	需提高的内容②
6. 应对及处理突发状况	6.1 面对突发事件时能沉着、冷静，敏锐地察觉问题所在		
	6.2 第一时间稳定服务对象的情绪和行为		
	6.3 有策略地推动服务对象自主解决问题		
	6.4 没有因工作者个人原因产生突发事件		
总分			
百分制分数【100分×(总分/28)】			

① 评估结果分为两档：已达成为1分，未达成为0分。
② 对于评估结果为尚需提高的，需要在评估工具的最后一列标明哪些方面未达成或哪些方面需要提高。

表2 反家庭暴力个案管理员能力评估工具

维度	基本要素	目标概述	评估分数① (达成:1分, 未达成:0分)	需提高的内容②
1. 专业态度	1.1 基本原则	1.1.1 遵循生命至上原则,优先保护受害人的生命安全		
		1.1.2 将服务对象的利益最大化作为个案管理服务的出发点与核心目标		
	2.1 专业态度	2.1.1 持有暴力零容忍的态度,鼓励和支持受害人合法维权、慎用调解		
		2.1.2 尊重服务对象的独特价值和固有尊严		
		2.1.3 尊重受害人自我选择和自我决定的权利		
		2.1.4 促进服务对象的自我决定和主观能动性		
2. 知识储备	2.2 家庭暴力基本知识	2.2.1 熟知家庭暴力的定义、表现形式及特点		
		2.2.2 理解社会性别视角及家庭暴力的本质		
		2.2.3 理解儿童权利及涉及儿童的家庭暴力相关内容		

续表

维度	基本要素	目标概述	评估分数① (达成:1分, 未达成:0分)	需提高的内容②
2. 知识储备	2.3 家庭暴力相关法律	2.3.1 熟知《中华人民共和国反家庭暴力法》,包括但不限于各部门/单位在反家庭暴力方面的法定职责、人身安全保护令、家庭暴力告诫书		
		2.3.2 熟知强制报告相关法律及政策		
		2.3.3 了解《中华人民共和国民法典》及《中华人民共和国家庭教育促进法》《中华人民共和国未成年人保护法》中与家庭暴力相关的内容		
	2.4 家庭暴力干预方法	2.4.1 掌握会谈的技巧,包括支持性技巧、引领性技巧和影响性技巧		
		2.4.2 熟知《亲密关系暴力评估量表(CIDA)》,掌握量表评估方法		
		2.4.3 掌握受暴儿童的危险评估方法		

续表

维度	基本要素	目标概述	评估分数① (达成:1分, 未达成:0分)	需提高的内容②
2. 知识储备	2.4 家庭暴力干预方法	2.4.4 理解多部门联动机制,熟知部门法定职责		
		2.4.5 掌握推动公安机关介入的技巧		
		2.4.6 有对家庭暴力案件进行分类分级处置的意识		
		2.4.7 掌握非暴力沟通的知识和步骤		
	2.5 特殊需求人群的服务	2.5.1 了解残障人群的特点和服务注意事项		
		2.5.2 了解和尊重多元性别群体,知晓注意服务事项		
	2.6 个案管理及其流程	2.6.1 熟知个案管理的定义、特点和内容		
		2.6.2 熟知个案管理服务流程及详细内容		

附录 285

续表

维度	基本要素	目标概述	评估分数①（达成:1分，未达成:0分）	需提高的内容②
3. 服务能力	3.1—3.6 依据个案管理流程进行服务的能力	参见附录B表1《个案管理服务过程评估表》		
	3.7 团队合作的能力	3.7.1 具备良好的团队合作能力		
		3.7.2 具备解决工作冲突的能力		
		3.7.3 能够对其他工作者的服务提供针对性建议，促使其改善服务质量		
		3.7.4 能够接纳督导其他工作者的合理建议		

续表

维度	基本要素	目标概述	评估分数① (达成:1分, 未达成:0分)	需提高的内容②
3. 服务能力	3.8 自我学习和探索能力	3.8.1 积极参与反家庭暴力能力建设和学习		
		3.8.2 拥有独立思考能力,对不同的议题进行钻研学习和提升		
		3.8.3 勇于尝试和创新不同的服务模式		
		3.8.4 能通过自我批评、目标设置和策略执行的方式不断地提升自我素质和技能		
	3.9 自我照顾能力	3.9.1 能够识别自身情绪和情感,并进行情绪调节		
		3.9.2 能够识别替代性创伤,并及时寻求支持		
		3.9.3 能够识别职业耗竭,并及时寻求支持		
总分				
百分制【100分×(总分/62)】				

续表

能力发展计划	能力发展内容	时间	责任人/支持者	进展情况

① 评估结果分为两档：已达成为1分，未达成为0分。
② 对于评估结果为尚需提高的，需要在评估工具的最后一列标明哪些方面未达成或哪些方面需要提高。

附录 C 手册能力建设评估工具[①]

表 1 工作者能力建设培训前测问卷

您的姓名：
您的性别：
您从事反家暴个案管理服务（　　）年。请输入年数，例如：1.5 年、3 年等。

1. 以下行为属于家庭暴力的是（　　）。[多选题]
  A. 小黄嫌弃妻子好吃懒做，打了妻子一顿（答案）
  B. 前夫不接受离婚，威胁要杀死妻子，跟踪妻子（答案）
  C. 小王一天到晚玩手机，父亲老王扇了他一耳光，让他长记性（答案）
  D. 一对夫妻因为是否买房意见不合，吵得不可开交，后来决定离婚

2. 家庭暴力具有以下哪些特点？（　　）[多选题]
  A. 普遍性（答案）
  B. 隐蔽性（答案）
  C. 习得性（答案）
  D. 必然性
  E. 反复性（答案）

[①] 本能力建设评估工具仅为示例，实际培训时，可以根据培训内容进行调整。

3. 家庭暴力受害人服务的核心原则是（　　）。[单选题]

A. 自愿原则

B. 不评判原则

C. 灵活原则

D. 以受害人为中心原则（答案）

4. 社会性别意识、社会性别视角、社会性别敏感指的是（　　）。[多选题]

A. 看到男女的生理性别不同，男性女性的责任义务也应该不同

B. 能觉察到性别不平等与刻板化的两性角色分工、固定化的男女行为规范、绝对化的二元对立思维模式有关（答案）

C. 在处理婚姻家庭冲突和家庭暴力问题时，注意以家庭整体利益为出发点，多使用调解的方法处理

D. 能看到性别不平等与社会生活中的陈旧的性别规制有关（答案）

5. 有社会性别视角的家暴干预工作者与服务对象会谈时要（　　）？[单选题]

A. 表明家庭暴力和虐待行为是违法的，侵犯权利，不必保持中立（答案）

B. 坚持中立，不轻易选边

6. 以下对于社会性别视角的家庭暴力的干预表述正确的是（　　）？[单选题]

A. 尽最大努力满足服务对象的各种需求

B. 相信服务对象有能力自己去解决问题

C. 注意了解和探究造成服务对象多重困境的性别机制（答案）

D. 对服务对象的诉求不要指导、不要批判，要保持中立

7. 以下描述中，不属于反家暴个案管理服务的通用过程是（　　）。[单选题]

A. 接案

B. 调研（答案）

C. 计划

D. 介入

E. 结案

8. 在制定服务计划时，应注意的原则有（　　）。[多选题]

A. 服务对象的参与（答案）

B. 尊重服务对象的意愿（答案）

C. 要与工作的总目标、宗旨相符合（答案）

D. 详细和具体（答案）

9. 个案管理员在询问服务对象有关暴力事件发生原因时，正确且适合的询问方式是什么？＿＿＿＿＿＿　[填空题]

10. 对家庭暴力/亲密关系暴力做危险评估最重要的目的是（　　）？[单选题]

A. 显示出个案管理员的专业能力

B. 服务机构能够获得完整的档案记录

C. 及时发现家暴受害人是否处于危险境地，是否需要提供紧急救助（答案）

D. 让家暴受害人明白不能留在这样的环境中

11. 高危险级别的家庭暴力/亲密关系暴力有这些表现：（　　）[多选题]

　　A. 对方曾做过掐脖子、迫使你呛水、用枕头闷等使你无法呼吸的行为（答案）

　　B. 对方曾对你做过推下楼、灌毒药、浇开水、泼汽油、用车撞、开燃气等其他明显的致命行为（答案）

　　C. 对方经常有跟踪、监听、查手机、定位等监控你日常生活的行为

　　D. 对方说过"要分开就一起死"或"要死一起死"之类的话（答案）

　　E. 对方曾威胁要杀你（答案）

　　F. 对方目前每周喝醉四天以上

12. 个案管理员在反家暴个案中的工作目标是（　　）？[单选题]

　　A. 协助受害人离开暴力婚姻关系

　　B. 协助受害人争取孩子抚养权

　　C. 协助受害人申请人身安全保护令

　　D. 协助受害人获得安全保障（答案）

13. 以下对于个案管理员如何辅导和陪伴受害人（服务对象），表述正确的是（　　）？[单选题]

　　A. 让服务对象完全从沮丧情绪中恢复过来

　　B. 与服务对象保持平等的关系，让服务对象以对自身情况最了解的专家身份来做决定（答案）

14. 反家暴个案何时可以结案（　　）？［多选题］

A. 服务对象已没有遭受任何形式的虐待（包括身体、心理及性虐待）有一年或以上（答案）

B. 评估服务对象所面对的危险程度很低（答案）

C. 服务对象的情绪状况已有明显改善，觉得安全、平静、自信及可以应对未来生活上的问题（答案）

D. 服务对象已决定与施暴人离婚

15. 人身安全保护令对施暴人禁止的行为有（　　）？［多选题］

A. 禁止被申请人实施家庭暴力（答案）

B. 禁止被申请人骚扰、跟踪、接触申请人及其相关近亲属（答案）

C. 责令被申请人迁出申请人住所（答案）

D. 保护申请人人身安全的其他措施（答案）

16. 当事人提出申请后，人民法院应做出人身安全保护令的裁定的时限是（　　）？［单选题］

A. 24 小时

B. 48 小时

C. 72 小时（答案）

D. 尽快

17. 依据同理心反应的面谈技巧，阅读服务对象的谈话，_____。［填空题］

服务对象表示"我和老公结婚十几年了，一开始都挺好的，但从今年4月开始，因为经济不是很好，我老公就被公司降薪，然后他的脾气就变得很差，还经常喝醉酒。一到家就乱骂人、砸东西。

我知道他压力很大，我也没埋怨他，可是我要照顾两个儿子，还要天天担心哪里做得不好惹他生气，我觉得好累、好怕，我真的不知道该怎么过下去。"

18. 残障妇女遇到家暴时特有的挑战有（　　）？[多选题]

A. 较多依赖施虐者的照顾（身体上、经济上或是两者）（答案）

B. 难以接触其他提供庇护或介入服务（答案）

C. 《中华人民共和国反家庭暴力法》不能作为残障妇女寻求保护的法律依据

D. 缺乏获取相关服务资讯的途径（答案）

19. 工作者在个案管理中主要发挥哪些角色功能？（　　）[多选题]

A. 资源统整者（答案）

B. 咨询者（答案）

C. 教育者（答案）

D. 陪伴者（答案）

E. 充权者（答案）

20. 在接案这一阶段，会谈的主要任务是（　　）。[多选题]

A. 界定服务对象的问题（答案）

B. 实施计划介入

C. 澄清工作者和服务对象的角色期望和义务（答案）

D. 激励并促进服务对象进入角色（答案）

E. 达成初步协议，决定工作进程（答案）

21. 反家暴社会组织接到家庭暴力/亲密关系暴力个案时首先要_____〔填空题〕

22. 工作人员对危险评估量表的使用要注意（   ）。〔多选题〕

　　A. 如果加害人随同，要设法将其支开或做安全保护等应急服务，保证受害人在安全的环境中做危险评估测试（答案）

　　B. 问询到量表中的相关问题时，应该教育受害人不能忍受

　　C. 发现受害人处在有致命性高危险的亲密关系中，工作者应该与其讨论安全保护计划（答案）

　　D. 工作者听了受害人情况后自己去填写量表，不告知受害人

　　E. 告知受害人，危险评估量表的测试能使其和工作人员知道处在什么样的危险关系里，以便于做跟进的介入工作（答案）

23. 以下（   ）内容应出现在多部门合作机制文件中。〔多选题〕

　　A. 各部门的法定职责（答案）

　　B. 高危个案联席会议制度（答案）

　　C. 工作原则及个案干预流程（答案）

　　D. 建立反家暴工作领导小组，设立领导小组办公室（答案）

　　E. 多机构合作的成效评估机制（答案）

　　F. 家庭暴力/亲密关系暴力危险性评估量表

24. 在进行信息收集评估时，一般的内容包括（   ）？〔多选题〕

　　A. 服务对象自身评估（答案）

　　B. 施暴者信息评估（答案）

C. 服务对象家庭系统评估（答案）

D. 服务对象所处社会系统评估（答案）

25. 以下（　　）选项正确描述了边缘型加害人的一般特征。[单选题]

  A. 只对家人施暴

  B. 暴力行为具有毁灭性（答案）

  C. 缺乏同理心

  D. 习惯用暴力解决问题

表2 能力建设培训反馈

能力建设培训反馈可通过以下问卷方式或访谈形式进行。

1. ［矩阵单选题］对于本次培训，您认为（　　　）

题目\选项	非常满意	比较满意	一般	不太满意	非常不满意
对于本次培训的总体印象					
课程目标的明确性					
内容编排的合理性					
理论知识的系统性					
课程的趣味性					
课程的互动性					
课程的实用性					

2. ［填空题］请列出本次培训中，您收获比较大的三点。

（1）_____

（2）_____

（3）_____

3. ［填空题］请列出本次培训中，您认为对您的工作最有用的三个内容。

(1) _____

(2) _____

(3) _____

4. ［填空题］请列出本次培训中，您认为亟需改进的三点。

(1) _____

(2) _____

(3) _____

5. ［单选题］为参加后续的线上督导及入选线下督导，需要接触反家暴实务，从事反家暴个案管理工作，您觉着自己可以在45天内开始反家暴个案管理服务吗？（　　）

A. 可以开展，现在已经在做反家暴个案

B. 可以开展

C. 有很大可能开展

D. 可能开展

E. 想开展，在寻找个案方面有困难，请在横线上填写您面临的困难_____

F. 不能开展，请在后面填写原因_____

G. 其他，请在横线上提供具体信息_____

附录 D 未成年人受监护侵害程度评定参照表

本表来自于民政部 2017 年发布的《受监护侵害未成年人保护工作指引》。

序号	评定事项	评定等级			
		A 低危	B 中危	C 高危	D 极危
1	身体虐待或性侵犯的严重性及/或频繁程度	没有受伤或受治疗的伤害；对未成年人没有造成可察觉的影响；独立偶发事件。	身体轻微受伤或出现无法解释的伤患，须接受诊治；惩罚/管教的历史或模式；轻微的性冲突。	须立即接受治疗及/或住留院；有过度惩罚/管教/性骚扰的历史或模式。	监护人有下列一件或多件下列事项者，表明未成年人处于极危险状态：（1）性侵害，出卖、遗弃、虐待、暴力伤害未成年人，严重损害未成年人身心健康的。

附录 299

续表

序号	评定事项	评定等级			
		A 低危	B 中危	C 高危	D 极危
2	疏忽照顾的严重性及/或频密程度以及时间间隔	对未成年人没有造成明显的影响;偶发独立事件。	怀疑监护人无法满足未成年人对医疗、食物及/或居所的最低要求;经证实偶有独留未成年人在家,未成年人缺人看管的记录。	监护人不愿意满足未成年人对医疗、食物及/或居所的最低要求;经证实长时间独留未成年人在家,未成年人缺人看管或保护的记录;未成年人受到伤害的风险极高。	(2)将未成年人置于无人监管和照看的状态,导致未成年人面临死亡或者严重伤害危险,经教育不改的。
3	忽视或虐待孩子的原因与动机	为了教育孩子而实施的体罚,打得自己很心疼;因为客观原因不能照顾孩子;偶发、独立事件。	为了教育孩子而实施的体罚,打得心疼;因为客观原因不能照顾孩子;经常发生的事件。	没有教育目的,只是拿孩子出气,完全不尊重孩子,打得毫不心疼;故意遗弃;经常发生的事件。	

300 社会组织反家暴实务手册

续表

序号	评定事项	评定等级			
		A 低危	B 中危	C 高危	D 极危
4	吸毒/酗酒/赌博	没有吸毒/滥用酒类饮品/赌博；监护人吸毒、酗酒、赌博没有影响其对未成年人的教养。	吸毒/酗酒/赌博影响监护人的育儿能力；与现有的侵害问题有关。	经常大量吸毒/酗酒/赌博，对未成年人造成长期的危险；阻得相关未成年人保护服务计划的实行。	(3)拒不履行监护职责长达六个月以上，导致未成年人流离失所或者生活无着落的。
5	监护人身体、智力或情绪方面的能力	没有智力/身体的障碍；对未成年人的期望合理，可以完全控制精神状态。	可能有身体残疾/情绪障碍；中度智力局限；有精神病记录，推理能力差；需要外来支持才能保护未成年人。	严重残疾；对现实的感知欠佳；对未成年人的行为有不切实际的期望或认知；有严重的智力局限。	

附录 | 301

续表

序号	评定事项	评定等级			
		A 低危	B 中危	C 高危	D 极危
6	监护人的合作程度	愿意和有能力与有关机构合作解决问题和保护未成年人。	过分顺从调查人员;家中有非侵犯者的成人在场/具备能力,可确保与有关机构维持最低限度的合作。	不认为有问题存在;拒绝合作;缺乏兴趣或采取逃避的态度。	(4) 有吸毒、赌博、长期酗酒等恶习无法正确履行监护职责或者因监护职责原因无法履行监护职责,且拒绝将监护职责部分或者全部委托给他人,致使未成年人处于困境或者危险状态的。
7	监护人教养未成年人的技巧及/或知识	监护人认识教养未成年人的技巧或责任,有适当运用有关技巧和履行责任。	表现前后不一,未能确定是否具备为未成年人提供最低程度照顾所需的教养技巧及/或知识。	监护人不愿意/无法运用所需的教养技巧,以及缺乏为未成年人提供最低程度照顾所需的知识。	

续表

序号	评定事项	评定等级			
		A 低危	B 中危	C 高危	D 极危
8	家中有可取代父或母的成员	家中有可取代父或母的成员，且能稳定发挥支持作用。	家中有可取代父或母的成员，但非经常在家及/或承担照顾未成年人的最低责任。	可取代父或母的成员与有关家庭同住，而且是怀疑施虐者。	(5)胁迫、诱骗、利用未成年人乞讨，经公安机关和未成年人救助保护机构等部门三次以上批评教育拒不改正，严重影响未成年人正常生活和学习的。
9	家庭支持系统的能力	家人、邻居或朋友承诺会给予帮助。	家人会给予支持但却居于远处；朋友和邻居能够提供部分支持；能得到有限的社区服务。	亲友不会提供支持，或制造破坏；地理位置偏僻，得不到社区服务。	
10	压力/危机	稳定的家庭、职业或收入；有交通工具；与亲属关系密切。	怀孕或刚有婴儿出世；收入及/或食物不足；家庭管理技巧/知识不足；与亲属的关系紧张。	新近丧偶；婚姻状况或关系最近发生变化；严重精神病发作；虐待配偶/婚姻冲突；依赖药物/酗酒；混乱的生活方式；曾参与犯罪活动、多次被捕。	

续表

序号	评定事项	评定等级			
		A 低危	B 中危	C 高危	D 极危
11	亲子关系	良好或一般。未成年人信任监护人,对其保有一定的依恋性,愿意继续与监护人一起生活。	较差。未成年人不太信任监护人,与监护人的亲密度较低,不太愿意继续与监护人一起生活。	非常差。未成年人非常不信任监护人,与监护人缺乏亲密关系,完全拒绝继续与监护人一起生活。	(6)教唆、利用未成年人实施违法犯罪行为,情节恶劣的

注:1. 有"极危"栏中罗列的六项中的一项或多项情况的,或在表格第"1—4"行规定的情况中存有一种或多种"高危"状况并严重威胁未成年人生命安全的其他事件的,应将案件列为"极危"案件,并依照《关于依法处理监护侵害未成年人权益行为若干问题的意见》向法院提起撤销监护人资格的诉讼。

2. 表格第"5—11"行规定的情形,作为评估未成年人及其家庭的育儿意愿和能力、未成年人需求、未成年人是否适合继续由监护人监护等问题的参考依据。

3. 对监护侵害未成年人资格程度的,可建议不提出撤销监护人资格的诉讼,并就如何监督和支持监护人妥善监护未成年人提出相应的干预建议。